“十四五”时期国家重点出版物出版专项规划项目 · 重大出版工程规划
中国工程院重大咨询项目成果文库
新兴产业发展战略研究（2035）丛书

丛书主编：周济　邬贺铨

高端装备制造产业发展战略研究（2035）

卢秉恒 等 著

科 学 出 版 社
北 京

内 容 简 介

本书开展高端装备制造产业面向2035年的战略研究。围绕空天海装备（航空、航天、海洋）、智能制造装备（高档数控机床、增材制造装备）、民生装备（农业、食品、纺织、医疗），以及承压设备四个重点专题方向，分析了高端装备制造产业发展面临的新形势、新问题，以及高端装备制造产业核心工业基础现状及重点领域短板，提出了“十四五”高端装备制造产业发展的重点任务和建议，同时提出了面向2035年的技术和产业发展路线图，研究了高端装备制造产业区域布局及国际化发展战略，提出了相关政策建议。

本书可供管理决策部门、产业发展研究人员、企业及社会公众阅读参考。

图书在版编目（CIP）数据

高端装备制造产业发展战略研究：2035 / 卢秉恒等著. —北京：科学出版社，2022.10

（新兴产业发展战略研究（2035）丛书 / 周济，邬贺铨主编）

中国工程院重大咨询项目成果文库

ISBN 978-7-03-072409-0

Ⅰ. ①高…　Ⅱ. ①卢…　Ⅲ. ①装备制造业-产业发展-研究-中国-2035　Ⅳ. ①F426.4

中国版本图书馆 CIP 数据核字（2022）第 092489 号

责任编辑：陈会迎　郝　悦 / 责任校对：贾娜娜

责任印制：赵　博 / 封面设计：有道设计

科学出版社出版

北京东黄城根北街 16 号

邮政编码：100717

http://www.sciencep.com

北京市金木堂数码科技有限公司印刷

科学出版社发行　各地新华书店经销

*

2022 年 10 月第　一　版　开本：720 × 1000　1/16

2025 年　1　月第四次印刷　印张：11

字数：220 000

定价：128.00 元

（如有印装质量问题，我社负责调换）

新兴产业发展战略研究（2035）丛书
编委会名单

凌　文　彭苏萍　蒋庄德　韩英铎　程　京　舒印彪
谭天伟　谭建荣　潘云鹤　薛　澜

工作组组长：

周　源　陈璐怡

工作组（以姓氏笔画为序）：

王　磊　王海南　孙旭东　陈必强　陈璐怡　苗仲桢
赵丽萌　赵鸿滨　姜玲玲　徐国仙　高雨辰　陶　利
曹雪华　崔　剑　戴培超

本书编写组名单

组　长：

卢秉恒　　陈学东

副组长：

尤　政　　屈贤明

编写组成员：

空天海装备：

邵珠峰　　吴　帅　　俞　笑　　王元元　　耿　海　　冯希光
冯　妮　　方　梅　　祝　彬　　赵莹雪　　崔　剑　　郭姣姣
唐　铭　　陆春华　　朱　坤　　王国庆　　张　瑜

智能制造装备：

卢秉恒　　王　磊　　张　俊　　刘柄业　　姜丽萍
方　磊　　陈　虎　　刘　耀　　陈　祯　　王华明

民生装备：

古依莎娜　吴海华　　朱晓光　　杨海鹏　　王晓庆

承压设备：

陈学东　　范志超　　江慧丰　　郭晓璐

丛 书 序

2021 年是“十四五”开局之年，必须立足新发展阶段、贯彻新发展理念、构建新发展格局，加快发展壮大战略性新兴产业。战略性新兴产业是以重大技术突破和重大发展需求为基础，对经济社会全局和长远发展具有重大引领带动作用的产业，具有知识技术密集、物质资源消耗少、成长潜力大、综合效益好等特点。面对当前错综复杂的国际国内新形势，发展战略性新兴产业是建设社会主义现代化强国，推动经济发展新动能的重要任务，也是促进我国经济高质量发展的关键。

战略性新兴产业是引领国家未来发展的重要力量，是主要经济体国际竞争的焦点。习近平总书记指出，要以培育具有核心竞争力的主导产业为主攻方向，围绕产业链部署创新链，发展科技含量高、市场竞争力强、带动作用大、经济效益好的战略性新兴产业，把科技创新真正落到产业发展上。坚持创新在我国现代化建设全局中的核心地位，把科技自立自强作为国家发展的战略支撑，面向世界科技前沿、面向经济主战场、面向国家重大需求、面向人民生命健康，深入实施科教兴国战略、人才强国战略、创新驱动发展战略，完善国家创新体系，加快建设科技强国。战略性新兴产业作为未来的先导产业和支柱产业，对我国转变经济发展方式，实现创新驱动发展有着重要的推动作用。

为了应对金融危机，重振经济活力，2010 年，国务院颁布了《国务院关于加快培育和发展战略性新兴产业的决定》，并于 2012 年出台了《“十二五”国家战略性新兴产业发展规划》，提出要重点培育与发展节能环保、新一代信息技术、生物、高端装备制造、新能源、新材料、新能源汽车等七大领域； 2016 年出台了《“十三五”国家战略性新兴产业发展规划》，把战略性新兴产业摆在了经济社会发展更加突出的位置，加快发展壮大了网络经济、高端制造、生物经济、绿色低碳和数字创意等五大领域，超前布局了空天海洋、信息网络、生物技术和核技术领域一批战略性产业；2021 年，《中华人民共和国国民经济和社会发展第十四个五年规划和 2035 年远景目标纲要（草案）》中明确指出，要着眼于抢占未来产业发展先机，培育先导性和支柱性产业，推动战略性新兴产业融合化、集群化、生态化发展。当前，我国已转向高质量发展阶段，战略性新兴产业在坚持创新驱动发展，全面塑造发展新优势方面起到了重要作用。

中国工程院是中国工程科技界最高荣誉性、咨询性学术机构，同时也是首批国家高端智库。自 2011 年起，开展了“战略性新兴产业培育与发展战略研究”“‘十三五’战略性新兴产业培育与发展规划研究”“战略性新兴产业重大行动计划研究”等重大咨询项目的研究工作，并配合国家发展和改革委员会参与了“十二五”“十三五”国家战略性新兴产业发展规划的制定和规划实施的中期评估，为战略性新兴产业相关政策的制定及完善提供了依据。

在前期研究基础上，中国工程院于 2018 年启动了“新兴产业发展战略研究（2035）”重大咨询项目。项目以“十四五”及 2035 战略性新兴产业创新发展研究为主要内容，紧密结合我国国情与国际形势，在系统分析国内外战略性新兴产业发展趋势、我国经济社会发展的战略需求的基础上开展研究。研究战略性新兴产业重点领域规划实施和创新发展，形成新兴产业技术预见路线图，完善战略性新兴产业统计指标体系和成熟度评价指标体系的建设。为“十四五”产业部署和创新发展重点及“十四五”规划的前期研究提供参考，同时为实现 2035 创新发展目标奠定基础。

经过两年的广泛调研和深入研究，项目组编纂形成新兴产业发展战略研究（2035）丛书，共 8 册。其中 1 册综合卷，即《新兴产业发展战略综合研究（2035）》；1 册政策卷，即《新兴产业政策创新研究（2035）》；6 册领域卷，包括《新一代信息产业发展战略研究（2035）》《生物产业发展战略研究（2035）》《高端装备制造产业发展战略研究（2035）》《新材料产业发展战略研究（2035）》《绿色低碳产业发展战略研究（2035）》《数字创意产业发展战略研究（2035）》。丛书在研判国际新兴产业发展的新趋势基础上，梳理各个重点领域的系统性技术、产业瓶颈突破技术、跨领域技术，凝练“十四五”战略性新兴产业发展面临的问题，开展面向 2035 年的新兴产业技术预见及产业体系前瞻研究，并提出了“十四五”及中长期战略性新兴产业的发展思路、重点方向及对策建议。

2021 年正值两个百年目标交汇与转换之年，也是“十四五”国家战略性新兴产业发展的关键之年。衷心希望本套丛书能够继续为广大关心、支持和参与战略性新兴产业发展的读者提供高质量、有价值的参考。

目　录

第1章　高端装备制造产业发展的国际形势变化

1.1　高端装备制造产业国际环境变化

1.1.1　美国持续升级对华全面遏制战略影响全球产业链格局

当前，世界正处于百年未有之大变局时代，全球经济衰退、保护主义持续上升，美国强力推行基于“美国优先”为前提的新国际秩序和规则，严重破坏了全球一体化进程。长期以来，美国凭借其科技优势占据全球产业链和价值链的定价权，掌控了全球产业转移的方向（苏楠，2020）。美国调整对华战略走向，美国2019年度《国家情报战略报告》指出，中美竞争的核心在于塑造世界经济结构和对前沿技术的掌控，要保持和加强对前沿技术领域的掌控等。美国将中国看作大国竞争的“首要挑战”，中美之间作为“长期战略竞争对手”的双边角色将会强化。“中国威胁论”加剧了美国政府对我国的遏制打压态势，中美两国由合作为主的态势向科技为主的全领域竞争态势转变，中美摩擦呈现出持续时间长、波及领域广、动态变化快的趋势特点。美国通过精准控制高端装备制造产业链的能力，拉拢部分西方国家在科技、军事、经济、人才等领域对中国新兴产业全面围堵和打压，影响了全球产业链格局的深度调整①。2020年6月美国正式修正《出口管理条例》，限制了关键零部件技术出口，除军品外，多为工业关键零部件、材料、设

① 《吴沈括：与中国脱钩？后疫情时代，美日数字经济布局的新动向》，http://news.hexun.com/2020-07-03/201654031.html[2020-07-03]。《疫情经济观察|WTO报告：2020和2021年世界贸易展望》，https://www.sohu.com/a/388335456_610982[2020-04-15]。《美、日、韩三国挑头“去中国化”，多个产业链脱钩危机上演？》，http://www.aero.cn/2020/0427/97496.html[2020-04-27]。《33家中国公司及机构被美列入实体清单！相关回应来了》，https://www.sohu.com/a/398423444_353595[2020-05-29]。《美方再将11家中国企业列入实体清单，外交部表态》，http://finance.ifeng.com/c/7yIClL2Pdzx[2020-07-21]。

备、开发工具和软件，瞄准中国装备制造产业发展的战略遏制将常态化，中国产业链安全受到威胁。

同时，美国积极拉拢、威逼利诱部分周边国家与中国对抗，甚至在台海、西南方面挑拨和干扰中国。另外，美国主导推行的双边贸易协定和区域贸易协定日益盛行，在中国的部分制造业工厂有向越南、巴西等地转移的趋势，以世界贸易组织（World Trade Organization，WTO）为核心的多边贸易机制面临严重挑战①。欧洲、印度等地区保护主义抬升，未来国际分工、产业价值链的区域化特征进一步增强，将对全球产业分工格局产生深远影响。中国高端装备制造产业正在面临着前所未有的供应链危机。

1.1.2　新冠肺炎疫情对全球产业链、供应链产生巨大冲击

新型冠状病毒肺炎（简称新冠肺炎）疫情对全球经济影响巨大，逆全球化潮流进一步加剧，全球制造业主要上下游均处于低谷阶段，已导致部分产业供应链断裂，产业链破坏。全球各国开始重新审视、评估本国的产业体系，均采取分阶段解封措施扩大复工复产范围，积极调整产业布局和产业政策，开始回收、扶持本国制造产业和民生产业。欧盟签署总额 5400 亿欧元的紧急救助计划，并采取措施吸引制造业回归，降低供应链外部依赖。美国实施“大众企业贷款计划”支持受疫情影响的中小企业，自 2020 年 3 月到 2021 年 4 月，美国的财政刺激规模累计已达 5 万亿美元。2020 年 6 月法国拨款 1360 亿欧元实施经济救助，包括援助航空产业和汽车产业。与此同时，美国、日本、欧洲部分国家领导人在新冠肺炎疫情暴发后，多次施压将减少对中国供应链的依赖，通过提供资助和施压两种方式鼓励跨国企业回迁本土。

受疫情和国家形势影响，由跨国企业主导，在区域内布局供应链以及供应链逐渐缩短或将成为新趋势。大型企业开始积极尝试采用增材制造来构建弹性供应链并实现本地按需制造计划。区域化将通过减少进出口多样化和简化供应链来改变全球贸易模式，全球产业链也将加速重构②。预计 2022 年疫情被逐渐控制之后，全球贸易扩张将因区域化而改变。目前，中国的产业链供应链已与全球产业链供应链紧密相连。如何保住现有供应链，尤其是如何升级供应链水平，是我国高端装备制造产业面临的重大而紧迫的战略问题。

---

①《疫情经济观察|WTO 报告：2020 和 2021 年世界贸易展望》，https://www.sohu.com/a/388335456_610982 [2020-04-15]。

②《吴沈括：与中国脱钩？后疫情时代，美日数字经济布局的新动向》，http://news.hexun.com/2020-07-03/201654031.html[2020-07-03]。

1.1.3　高端装备制造产业积极应对“双循环”的新格局和新机遇

在党中央的集中领导和统一部署下，中国国内疫情得到有效控制，并将中国经验提供给国际社会，受到国际社会一致好评。疫情对实体经济的冲击得到缓解，国内抗击疫情和复产复工取得阶段性成果。由于中国控制住了疫情，率先实现经济正常运行，坚持和深化改革开放国策、经济长期向好的预期以及超大规模的内需市场，也将吸引全球产业供应链积极布局中国①。未来几年，中国自身的内循环不仅有望拉动中国经济增长，还可以通过增加进口拉动周边国家、“一带一路”沿线国家，进而带动世界经济的复苏，拉动国际经济大循环，进而形成国内国际双循环相互促进的新格局。中国“十四五”规划提出加快发展现代产业体系，深入实施制造强国战略。坚持自主可控、安全高效，推进产业基础高级化、产业链现代化，保持制造业比重基本稳定，增强制造业竞争优势，推动制造业高质量发展。

智能制造正在引领和推动新一轮工业革命，全球装备制造业正在向数字化、网络化、智能化、服务化和绿色化转型（中国工程科技发展战略研究院，2020）。过去我国装备制造业，特别是高端装备制造业的发展，过度依赖单机、实物量的增长，而为用户提供系统成套设计、工程承包、智能运维监测、回收再制造等服务业务则没有引起重视，缺乏培育，绝大多数企业的服务收入所占比重低于 10%，仍是传统的生产型企业。面对制造业新的历史发展机遇，我国制造企业正加快先进制造业与先进服务业深度融合发展，加速推进智能工厂建设，从传统制造发展模式转向智能制造发展模式。

1.2　国际高端装备制造产业发展新趋势

1.2.1　空天海装备产业发展新趋势

1. 航空装备产业发展特点与新趋势

航空装备发展的竞争日趋激烈。航空装备是工业制造的“皇冠”，对先进制造设备、先进制造工艺、先进材料有极高的要求，是一国占领全球制造业价值链顶端的重要标志。航空装备对于国防的作用巨大，军事航空装备的竞争一直十分激烈，而民用航空更多表现为合作态势。全球航空制造业的基本世界格局为：按洲际划分，美、欧分别占 45%和 31%；按企业划分，波音、空客分占大型客机的全

① 《外媒：后疫情时代，外资企业更倾向留在中国！》，http://www.ifnews.com/news.html?aid=83438[2020-05-27]。

球市场。国际上航空制造的核心技术牢牢把握在空客、波音等巨头手中，尽管美国波音公司 B737Max 因技术风险停飞，且受疫情影响严重，但双寡头垄断的格局短时期很难打破。因此，为了尽可能提高航空装备的站位与抢占战略制高点，各国在机载设备、元器件、飞控系统、结构平台等领域争相发展，呈现出竞争白热化的态势。航空装备用途的多样性导致的航空装备多样性是航空产业与其他产业的显著区别；大型民机、大型运输机、歼击机、预警机、无人机、直升机等各类飞机装备层出不穷，型号升级与性能跨代特征明显，复杂多样是航空装备的显著特征。

航空装备将呈现如下发展新趋势。

1）学科融合推动的技术集成将是主要发展方向

过去的航空装备多以平台性能实现为主要目的，结构完整性在很长一段时期是飞机研制的主流方向。随着信息化时代的到来及飞机物理平台的日趋成熟，信息对抗逐渐成为航空装备研制的主流。特别是在作战体系框架下，强调信息融合的整体功能实现。在未来很长一段时间里，信息化将是航空装备先进程度的标志，并将逐步向智能化发展。

2）信息化与智能化发展是航空装备的重要发展方向

随着战争形态的转变与战争模式的革新，世界范围内的各类战争正在从物理对抗向信息对抗转变。航空装备的信息化程度正在不断提高，航电综合、传感器系统及电子战等正在新型战争中表现得越来越重要，并正在成为决定航空装备性能优势的核心模块。

3）无人机将成为未来航空装备发展的重点和热点

无人机的发展受到各国强烈关注和支持，也正在成为各国竞相发展的重要方向，从旋翼无人机到固定翼无人机，从民用小型无人机到军用大型无人机，无人机将成为未来全球范围内航空装备发展的重点和热点方向。

2. 航天装备产业发展特点与新趋势

近年来，随着科技的不断突破，运载发射装备、卫星装备、空间站以及空间探测等天基装备等航天装备随之快速稳步发展，低成本、高精度、系统性、智能化成为本阶段发展的特点。商业航天成为构建空间基础设施的新兴力量（郝雅楠等，2020）。各国制定、完善政策鼓励商业航天发展，发展航天领域的创业和新商业机会。从其他主要航天大国或地区发展特点看，美国继续保持全面领先地位，俄罗斯大力推动本国航天设备现代化，欧盟、日本、印度重点发展符合自身需求的某些领域航天装备。

1）低成本运载火箭成为国际运载市场新趋势

近 30 年来，美俄欧日等主要航天国家和地区，按照模块化、通用化、系列化的发展思路，研制的宇宙神 5、德尔塔Ⅳ、安加拉、阿里安 5、H-2A、猎鹰 9 等主力运载火箭，成功率均达到 95%以上，部分超过 97%，表明当前各航天大国或地区主力运载火箭的可靠性已达到较高水平。

近十年来，全球火箭发射次数整体保持上升趋势，然而随着航天发射市场竞争程度日渐激烈，以上主力火箭的发射价格大部分超过 1 亿美元，对下游航天发射市场的拓展产生了较大不利影响。目前，国外航天研发机构和商业公司纷纷提出了新一代大型主力运载火箭的研制计划，都把降低发射成本作为一个主要的目标，如 SpaceX 通过可重复使用火箭降低成本、轨道 ATK 计划进一步优化“飞马座”XL 空射运载火箭的发射价格等，在保证成功率的前提下，降低成本都将成为发展重点之一。

2）卫星装备结合市场新需求向系统化方向发展

卫星通信朝宽带大容量、功能综合、天地融合等方向发展。全球互联网通信星座加速构建，下一代全球通信卫星系统如第二代铱星（Iridium NEXT）系统、O3b 网络卫星系统、OneWeb 低轨卫星系统以及 SpaceX 系统等正在加速研制推进；通信应用服务多样化，美国、欧盟等先进国家和地区以市场为牵引，近年来大力发展高通量卫星系统。通信频率资源不断向高频段甚至激光拓展。目前已经开始开发 Q 频段和 V 频段，太赫兹频段也将开发利用，通信容量可达数百吉比特每秒甚至太比特每秒量级。

卫星导航从单一 GPS（global positioning system，全球定位系统）时代迈向美、俄、中、欧盟四大全球系统和日、印两大区域系统竞相发展的新时代。美、俄正在重点推进卫星导航系统现代化，其目的是不断提高系统精度、可用性、可靠性以及长寿命能力。卫星自主运行能力不断增强，GPS 系列卫星自 BlockIIR 开始建立起星间链路，通过自主导航提高战时生存能力。在 GLONASS①-K 卫星增加星间链路功能以实现自主导航，新一代导航卫星 GLONASS-M 也通过建立星间导航链路来提高自主导航能力。

对地观测进入“精致为用”时期。随着系统规模和能力的稳步发展，卫星遥感的应用越来越“精致”（郝雅楠等，2020；原民辉和刘韬，2017），其广度和深度不断延伸，服务能力和产业化水平显著提高。应用从定性向定量发展，构建产品生产流水线，形成面向多源海量遥感数据的规范化处理和产品生产模式，遥感应用直接面向大众，空间信息服务开始步入千家万户，促进了空间信息产业链的形成与发展。

3）天基装备性能大幅提升

近年来，全球空间基础设施正迎来新一轮创新发展和升级换代高潮。美国军

① GLONASS（格洛纳斯）是俄文 GLObalnaya NAvigatsionnaya Sputnikovaya Sistema（全球导航卫星系统）的首字母。

事骨干卫星系统基本完成更新换代，卫星侦察监视、导弹预警、通信中继、导航定位、空间监视等性能大幅提升，初步具备空间机器人在轨服务能力；俄罗斯军事卫星系统开始全面更新换代，军事卫星体系进一步完善，设计寿命等性能出现较大提升，卫星在轨机动技术更加成熟；欧洲成像侦察卫星系统与军用通信卫星系统进入新一轮更新换代期，已实现导航卫星全球覆盖，已完成电子侦察卫星技术和空间监视卫星技术验证，初步验证多种空间碎片清除技术；日本成像侦察卫星系统相对先进，已完成四星导航增强系统部署，有望完成首个军用通信卫星三星组网；印度军民两用成像卫星性能相对先进，已完成区域导航系统部署，已发射两颗军事通信卫星，下一代军用光学成像侦察卫星有望入轨。

美国一直将太空战略视为国家战略的重要组成部分，谋求自由进出太空、利用太空进而完全控制太空的战略目标，强调确保太空控制权和太空力量的绝对优势，积极推动太空作战装备的研制和部署。

3. 海洋装备产业发展特点与新趋势

海洋装备是开发和利用海洋资源的前提与基础，海洋装备产业具有先导性、成长性、带动性，以及技术门槛高、资金密集度高、国际化程度高的基本特征，目前已经成为当今世界各海洋强国发展海洋经济的战略重点。近年，受石油价格暴跌和疫情影响，全球海洋装备市场需求持续低迷。全球海洋装备领域一些重要项目，如浮式生产储存卸货装置（floating production storage and offloading，FPSO）、浮式生产装置（floating production unit，FPU）等被迫中断或无限期推迟，海洋装备制造业遭受严重冲击。

目前，全球海洋装备市场形成了“欧美设计、亚洲制造”的格局。欧美垄断核心设计、关键配套和总承包，韩国和新加坡占据高端装备总装建造市场，中国和巴西等国主要建造中低端产品。欧美国家是世界海洋油气资源开发的先行者，也是海洋装备技术发展的引领者。随着世界制造业向亚洲国家转移，欧美企业逐渐退出了中低端海洋装备制造领域，但仍旧基本垄断了海洋装备的研发、前期设计、海上施工、工程项目总包以及核心关键设备的供应，主要产品有立柱式平台、大型综合性一体化模块及海底管道、钻采设备、水下设备、动力、电气、控制系统等。主要领军企业包括 McDermott、KBR、SBM、MODEC、TechnipFMC、Aker Solutions、BW Offshore、Heerema、NOV、ABB、西门子、GE 等。此外部分欧美企业仍在从事深水高技术装备的设计建造。

韩国和新加坡等国的技术实力略逊于欧美，主要承担全球海洋装备如半潜式钻井平台、钻井船、FPSO 新造、LNG-FPSO（liquefied natural gas-floating production storage and offloading，液化天然气浮式生产储存卸货装置）、LNG-FSRU（liquefied natural gas-floating storage and re-gasification unit，液化天然气浮式储存及再气化装

置）、风电安装船等大型海洋装备的总装建造，大型模块建造，以及核心关键设备的安装调试，具备一定的总承包能力。韩国三星重工、大宇造船海洋、现代重工和新加坡吉宝集团、胜科海事在总装集成领域占据了较大的国际市场份额，初步具备了深水高技术装备的研发设计能力，正在向大型深水工程项目的总承包领域拓展。

以中国、巴西为代表的其他国家主要从事浅水装备的设计建造和部分深水工程项目的分包。主要产品包括导管架平台、自升式平台、半潜式平台、FPSO 建造及改装、风车安装船、海上居住船、海洋工程船，开始进入深水高技术装备的设计建造领域。但自主研发和工程设计能力、总装集成和总承包能力、关键设备配套能力相对薄弱。中国的主要制造商包括中远船务、中集来福士、中船集团、中船重工、海油工程、招商局重工、振华重工等，巴西的主要建造商包括 EST、Constructora、Sao Roque do Paraguacu、Rio Grande、南大西洋船厂、Inhauma 等。

全球海洋装备产业总体将呈现以下发展趋势（“中国工程科技 2035 发展战略研究”海洋领域课题组，2017）。

1）海洋装备产业将随着新兴海洋经济的发展不断扩展

当前，世界正处于一个海洋世纪来临和新产业不断涌现的时代，世界各国对海洋能源资源、海洋环境灾害控制、海洋生物医药业等的需求和依赖愈加显著。海洋经济正在由传统产业向新兴产业拓展，且发展速度越来越快。深海领域是当今世界资源勘探开发的热点，将是未来全世界海洋油气资源和海洋矿物资源开发战略接替的主要区域。海洋装备作为海洋经济产业链的关键环节和产业发展的保障，成为各工业大国关注的焦点和发展重点。

2）海洋装备将朝着绿色化、可持续的方向发展

世界各国加快探索绿色低碳经济发展模式，环保规范日趋严格。近年来，国际海洋环保问题日益受到关注，倒逼海洋装备产业转型升级。国际海事组织出台多项环保法规并陆续生效执行，中国也推行了严格的环保要求。针对船舶排放、船体生物污染等船舶节能环保安全技术的要求不断提升，保护海洋生态环境已成为全球海事业可持续发展的迫切追求。

1.2.2　智能制造装备产业发展新趋势

1. 全球智能制造装备产业下行压力加大

以高档数控机床产业为代表的智能制造装备产业融合了新一代人工智能技术、工业大数据、云计算等创新技术和网络制造、新材料和新工艺等新兴技术。布局发展智能制造装备产业已成为各主要工业强国重塑制造业竞争优势、抢占新竞争制高点的重要方向。

智能制造装备产业发展大国包括日本、中国、美国和以德国为代表的欧洲国家。以数控机床为例，受世界经济衰退、汽车行业的结构转型、国际关系动荡和投资萎缩影响，国际贸易面临的不确定因素增多，全球各地的设备投资受到抑制，机床产业面临下滑的趋势。2019 年全球机床生产产值 842 亿美元，同比降低 13.3%，下落到 2010 年以来的最低水平。其中中国产值位居世界第一位，产值为 194.2 亿美元，在全球市场中占据份额为 23.1%。德国、日本产值分别为 140 亿美元和 129.9 亿美元，分别位居全球第二和第三，在全球市场中的份额分别为 16.6%和 15.4%。中国、德国和日本三个国家占据了全球 55.1%的份额。2019 年全球机床行业生产额前五名如表 1-1 所示。需要关注的是，2019 年在全球机床生产产值排前 15 位的国家和地区当中，只有巴西、法国和加拿大的机床生产是正增长，其中，德国和美国降幅在 10%以内，这使得德国和美国占全球机床生产的份额有所增加。在全球机床生产所占份额增长的国家还有意大利、法国、英国和加拿大。2019 年中国机床消费占全球机床市场的 27.2%（表 1-2），这是自 2008 年以来中国机床消费在全球机床消费中占比首次低于 30%。显示出了全球机床生产和消费的重心从亚洲向欧美转移的苗头①。2020 年以来，受新冠肺炎疫情影响，全球经济严重衰退，美国、日本和德国等国机床产业均受到严重影响。

表 1-1　全球机床行业生产额 2019 年前五名

排名	国家	生产额/亿美元	占比
1	中国	194.2	23.1%
2	德国	140	16.6%
3	日本	129.9	15.4%
4	意大利	65.1	7.7%
5	美国	60	7.1%

注：前瞻产业研究院整理

表 1-2　全球机床行业消费额 2019 年前五名

排名	国家	消费额/亿美元	占比
1	中国	223	27.2%
2	美国	97	11.8%
3	德国	79	9.6%
4	日本	60	7.3%
5	意大利	44	5.4%

注：前瞻产业研究院整理

① 《2020 机床行业经济运行情况如何？》，https://www.sohu.com/a/418550379_120417807[2020-09-15]。

2. 智能制造产业大国争夺全产业链竞争优势[①]

在高档数控机床前沿技术开发、关键技术创新和标准制定方面，美国、德国与日本等传统工业强国仍然处于绝对优势地位，并影响整个数控机床产业的发展趋势。在数控机床产业链上，高档数控系统、关键功能部件、机床整机、高端刀具、机电配套产品、产线成套装备以及先进制造服务产业方面，日本、德国和美国相关企业保持着全产业链的竞争力。其中，以德国为代表的欧洲国家拥有世界上最具竞争力的机床行业，约占全球生产份额的 30%，在五轴联动数控机床、复合数控机床以及专用机床方面颇具竞争力，尤其是大型、重型、精密等高端数控机床，占据了全球的主要市场份额。日本生产的数控机床除了部分满足本国市场需求，绝大多数则用于出口，几乎已遍及世界各个国家和地区。受各国政策导向，全球高端装备制造业竞争格局正在发生重大调整，世界主要跨国装备企业纷纷通过兼并收购、服务增值等方式，提升企业核心竞争力。

为谋求未来竞争先发优势，主要工业大国普遍制定了先进制造业发展战略，扶持和发展本国高端装备制造产业。德国拥有雄厚的机械底蕴及完善的创新体系，发布了“德国工业战略 2030”“中小企业创新核心项目”等政策，鼓励企业积极开展研发与创新活动，保持数控机床在质量、性能上稳居世界前列；日本机床行业产品门类齐全且以高速度、高精度闻名，日本正在积极引导并实施“2020—2025 年高精密加工技术发展路线图”及“战略性创新创造方案”等，促进日本机床产业发展。美国机床行业尽管有所衰落，但美国以满足军方高端用户需求作为高端机床装备发展的重要方向，并注重科研合作与基础研究；同时机床创新相关成果不断向民用航空和汽车用户领域扩散，促进行业稳定发展。2020 年美国通过推出“美国尖端技术”（America’s Cutting Edge，ACE）项目，意在提高工作母机（machine tool）的生产率及工作效率，进而推进在世界的竞争力。2021 年 1 月，美国国防部发布了《2020 财年工业能力评估报告》，对包括工作母机在内的 16 个国防工业基础领域和 10 项关键技术进行了评估与总结。该报告明确指出工作母机行业，除了包含金切机床之外，广泛包括成型、冲/挤压、注塑、复合材料处理、增材制造等基础制造装备领域，是国家工业健康的核心；当前全球工作母机行业虽然发展相对成熟，但新能力和新特征的技术革新持续驱动着行业的创新发展和竞争力提升；该报告分析了美国工作母机行业面临的主要风险，由于国际竞争、行业整合与商业失败，美国机床行业正持续丧失多样性和生产能力；该报告指出，需扩大当前创新生态系统的规模，振兴制造业基础，并通过职业教育项目吸引人才。为支持国内机床装备的发展，我国在《国家中长期科学和技术发展规划纲要（2006

① 王磊和卢秉恒（2020）。

—2020 年）》中部署了 04 重大专项——高档数控机床与基础制造技术。中国已成为世界最大的机床产销国和世界最大的进口机床消费市场，尽管有部分高端机床产品推向市场，展现出一定的竞争力，但总体上处于产业链中低端，产业迈向高端正处于爬山过坎阶段，产业升级形势紧迫，竞争形势比较严峻。

3. 全球高档数控机床装备产业发展趋势①

当前，国际数控机床产品向智能化、复合化、成套化方向发展。提高数控机床装备的数字化、网络化、智能化水平，发展智能数控机床，已逐渐成为各主要机床发达国家发展的重点。美国、德国、日本等高档数控机床装备产业强国经过多年的发展积累了巨大的技术优势，正加大投入力度提升装备的智能化和竞争水平。而瑞典、瑞士、意大利、西班牙和法国等国的机床制造竞争力受到削弱，中小机床行业正在经历数字化转型，寻求数字化和智能化的解决方案。上述各国为持续保持以高档数控机床为代表的工作母机的国际竞争力，政府和企业均在持续大力支持工作母机行业的研发投入。

为缩短产品制造工艺链和提高生产效率，数控机床的功能复合化和制造工艺复合化正成为发展方向。目前，车铣/车铣磨复合加工、镗铣/镗铣磨复合加工，以及集成在线测量等多功能的复合加工中心已逐渐成为国际上主流的机床产品，进入批量化工业应用。融合减材制造、等材制造、增材制造和激光加工等多功能为一体的复合加工机床将成为全球机床产业发展的重要方向，越来越多的国际机床巨头开始将增材制造整合到现有的产品线和解决方案之中，将进入批量化工业应用。

迎合下游用户数字化和劳动力成本要求，“数控机床+工业机器人”等数字化成套设备正在高速发展。数控机床与新一代人工智能等技术结合形成的智能机床，智能机床与机器人技术深度融合形成的智能制造单元，以及结合其他因素组合分别形成智能生产线、智能制造车间、智能制造工厂和智能制造生态系统等，将成为工业技术领域创新发展的主线。

4. 全球增材制造装备产业发展趋势②

先进制造装备融合了增材、微纳、高能束等先进技术，成为工艺复合的新一代制造装备，大大提高了航空航天军工装备研发速度和制造能力，给制造带来颠覆性变化。工业强国纷纷加快增材制造产业布局，美国率先将增材制造产业视为战略性产业，并积极推动增材制造在美国国防战略改革中的应用，德国将增材制

① 王磊和卢秉恒（2020）。

② 卢秉恒（2020）。

造列入未来重点发展的九大关键工业领域。同期，日本、中国等发布多项产业支持政策，鼓励和加速增材制造产业发展。美国、德国等在技术创新、产业发展和技术应用方面走在世界前列，占据着高端增材制造装备商业化销售的绝对优势，亚洲国家和地区处于后起追赶的发展态势。这三个区域的装机量累计占到了全球的 95%，其中美国、中国、日本和德国四个国家累计装机量排名前列。

全球增材制造产业正从起步期迈入成长期，应用领域不断扩展，呈现增材制造（3D 打印）+各行各业的特点，其技术和产业发展空间巨大。增材制造整体技术成熟度提升、单位成本降低以及产业配套能力提升，间接促进了下游应用领域的发展，增材制造已经逐渐成为工业领域的主流制造手段。以美国 GE 公司燃油喷嘴等为代表，美国增材制件已在工业领域获得规模化应用；另外，具有 300 多个 3D 打印部件的 GE9X 航空发动机已通过美国联邦航空管理局认证。航空航天、国防和车辆等领域将不断推动金属增材制造技术发展，2015～2019 年年复合增长率为 32%。疫情发生以来，增材制造作为产业链柔性补链的工艺装备，在医用防护器具快速制造等方面发挥巨大价值和潜力。与此同时，全球增材制造产业链不断扩展，空天海、能源动力、汽车和轨道交通、电子工业、模具制造、医疗健康、数字创意、建筑等更多领域的企业和服务厂商不断涌进，产业增长态势加速。

全球增材制造行业包括设备、材料和服务在内的领域，2017～2020 年的平均增长率为 20.8%。据 *Wohlers Report 2022* 报告，2021 年全球增材制造市场规模达到 152.44 亿美元，相比 2020 年增长 19.5%，受疫情影响，市场发展虽然放缓，但仍然保持了正向增长。其中，增材制造专用材料、装备和增材制造服务总产值达到 122.5 亿美元；材料产业规模达到 25.98 亿美元，较 2020 年增长 23.4%，占总产值的 17%。全球增材制造市场竞争格局相对集中，中美两国特别是美国占据主要市场，美国 3D 打印产业规模占全球的 34.4%，中国为 10.8%，美国与中国市场规模占比合计接近 50%，但中国市场增长速度更快。随着疫情好转，全球经济稳步复苏，增材制造装备市场将保持持续快速增长。

2020 年，全球 3D 打印领域融资金额超过 200 亿美元，相关企业首次公开募股（initial public offering）和上市行为逐渐增多，标志着增材制造相关技术在市场上走向成熟，行业整合开始出现。然而，由于新的增材制造技术不断推陈出新，甚至出现颠覆性的技术突破，行业格局在各自细分领域仍在不断变化。

1.2.3　民生装备产业发展新趋势

新一轮科技革命正推动全球民生装备产业的技术创新进入以智能化为引领的变革发展阶段，向智能化、高效化、绿色化发展（古依莎娜等，2020）。

1. 数字化、智能化技术及应用不断深化

全球农业发展进入由传统农业、现代农业向未来农业转变的新阶段，生物技术、信息技术、人工智能等现代农业技术发展和农业生产组织方式变革促进了现代农业科技从微观到宏观变革，未来农业由“资源依存型”向“科技依存型”的智慧农业转变。面对当前和未来全球粮食安全及气候变化的机遇和挑战，农业装备产业技术创新进入以数字化、智能化为引领变革发展阶段，向高效化、智能化、网联化、绿色化发展，信息感知、混合现实、边缘计算、机器学习等技术发展更将推进农业装备向自主智能方向发展，自动驾驶、远程操控、协同作业等成为更加高效智能发展趋势，农业传感器、智能系统、智能装备、智慧服务等引领未来新兴产业发展（吴海华，2020）。

食品装备工业向着模块化、信息化、智能化方向快速发展，并开启了智能技术创新、质量效率提升和环保节能降耗的进阶之路。随着装备与工艺契合度不断提升，食品装备制造企业积极探索数字模块化管控技术、整线机器人应用技术、节能环保智能控制技术、智能供应链系统以及食品安全全流程追溯等先进技术以提高企业竞争力。食品单机和整线装备制造呈现柔性化生产和数字化制造发展趋势（张慧媛等，2015）。大数据和云计算等新一代信息技术应用背景下的食品装备能够以更适合转速、更低能耗下完美执行系统指令并及时反馈装备运行及零配件磨损状况，实现装备全生命周期数字化管理。数字化升级后的高速食品灌装生产线不仅可以保证模块化生产要求，同时满足柔性化和个性化消费需求。

随着全球纺织工业生产格局的不断变化，纺织装备也越来越多地体现出智能与短流程特性。大数据、物联网的应用展示了未来纺织工业的发展前景。当前大数据、物联网被应用到纺织机械设备不同的场景中。例如，国外主要纺纱装备企业推出的单锭监测及粗纱停喂系统，配合大数据集中采集、分析处理，使纺纱厂实现夜间无人值守成为可能（中国纺织机械协会，2019）；瑞士欧瑞康公司用于工艺监控的工厂操作中心能够对工厂生产数据进行核对分析，结合辅助系统，支持系统预测性维护（赵永霞，2019）；瑞士乌斯特公司的多种仪器可实现无缝对接，将数据进行组合分析，持续优化生产工艺（高华斌和盖佳，2018）。

医疗装备领域，自 2020 年至今，新冠肺炎疫情在全球范围的暴发，使得监护仪、呼吸机、输注泵和医学影像业务的便携彩超、移动 DR[①]的需求量大幅增长，全球各国对医用防护用品、核酸检测盒、ECMO（extracorporeal membrane oxygenation，体外膜氧合器）等医疗器械订单量激增，销售价格出现较大幅度上涨，部分医疗器械持续脱销。另外，健康大数据和人工智能（artificial intelligence,

① DR：digital radiography，数字 X 射线摄影。

AI）技术日益受到重视。随着医疗模式从关注疾病转向关注健康、精准医疗器械不断深入发展，大数据和人工智能的重要性凸显。一方面，大数据和人工智能与反恐相关、与种族安全相关，发达国家均站在国家安全战略的高度予以关注；另一方面，大数据和人工智能的应用对医疗具有颠覆性的作用，直接推动了医疗模式的转变。大数据和人工智能的集约式开发与管理、共享式的应用与发展成为技术之外的关键发展因素。

2. 新技术、新工艺加速融合

纺织装备新技术的应用改进和缩短了纺织的工艺流程。例如，迈耶西公司推出的纺纱针织一体机（圆纬机），将细纱、清纱和针织三种功能集合在一台机器上（李毅和祝宪民，2019）。卡尔迈耶公司推出的新型浆纱机，通过改变浆槽设计，采用喷淋上浆等技术，达到节约浆料、提高质量的效果（朱博等，2019）。

食品加工新技术、新工艺的创新应用广泛而深入。冷冻食品领域，冷冻粉碎、冷冻浓缩、冷冻干燥及冻干技术已经成为国际主流；食品杀菌领域，光照杀菌、瞬时高电压脉冲杀菌、高压杀菌、超声杀菌等非热力食品杀菌技术装备逐渐趋于成熟并已在发达国家普及使用；天然食用色素、香料、香精、油脂、系列添加剂、药用动植物和中草药等天然成分萃取领域已被超临界萃取装备所替代；食品包装领域，广泛采用的由纸张、聚乙烯膜、铝膜等复合的纸基功能材料可以更好满足各类食品包装要求，成为国际食品包装的发展方向。

医疗装备领域，全球市场集中度较高，以强生、西门子、雅培和美敦力为首的前 20 家国际医疗器械巨头凭借强大的研发能力，推进新技术、新工艺加速融合。3D 打印+精准医疗、医用及康复机器人、健康服务机器人、可穿戴设备等一些新兴技术对医疗和健康保健领域具有颠覆性的作用，直接推动了医疗模式的转变，为医疗装备产业带来发展机会。受人口老龄化趋势及新冠肺炎疫情等的影响，未来医疗装备将会出现快速增长。

3. 绿色化可持续发展理念不断深入和扩展

环保技术与标准成为发达国家保持竞争力的重要手段，绿色发展成为构建高质量现代化经济体系的必然要求。随着现代绿色生产理念的深入，国外的纺机制造商更注重产品的节能环保和可持续发展的特性。例如，意达推出的 iSAVERTM 和必佳乐的 ECOFIL 能够完全消除剑杆织机左侧的废边，显著减少了原材料的浪费。意大利纺机制造商设置了绿色标签，识别纺织机械产品的能源和环境性能，积极倡导碳排放的减少，从全产业链上寻求节能减排技术与工艺，如欧瑞康纺织集团建立了 e-save 节能理念（马磊，2019）。德国机械设备制造业联合会推出“蓝色能效”倡议，将其贯穿于纺织生产供应链的全过程，通过更高能效、更可靠的生产技术，帮助纺织品生产商节约成本，为可持续性发展提供强劲助力（墨影，2016）。法国高科技纺机制造商也重点关注产品的节能及废物的循环利用，以实现纺织行业的可持续发展。如法国 Laroche 公司，通过推出可用于加工生产各种非织造毡制品原材料的 Airlay（气流成网）非织造生产线等设备，实现了全套织物废料的循环利用（佚名，2019）。

国际食品装备工业以可持续、绿色化为重要发展潮流。食品装备企业积极发展绿色产品设计、环保材料、节能环保工艺、绿色回收处理等关键技术应用，实现资源能源高效清洁利用和环境影响最小化。

1.2.4 承压设备产业发展新趋势

从全球来看，承压设备制造业在国民经济支柱领域、战略性新兴产业、航空航天和国防军工中发挥着不可替代的关键作用；产品涉及压力容器（含气瓶）、锅炉、管道，以及紧固件、密封件等基础零部件，和钢铁板材、锻件等基础材料。承压设备的类型和功能随应用场合的不同而变化，其整个设计、制造和使用过程涉及冶金、结构设计、机加工、焊接、热处理、无损检测、自动化等专业技术门类。21 世纪以来，为提高效率和降低成本，承压设备产业发展呈现如下新趋势。

1. 常规承压设备制造通用化和标准化

对于常规承压设备，如气瓶、消毒锅，以及法兰、密封件等零部件等，通用化与标准化意味着互换性提高，有利于承压设备使用单位日常维护与管理，能够最大限度地减少设计和制造成本，也是本国承压设备“走出去”的通行证。从世界范围内承压设备出口大国情况可看出，国际化的工程公司可以带动本国承压设备行业发展和标准的国际化认可，从而获得更大的国际发言权和经济利润。尽管世界各国技术标准的技术内容不完全相同，但各国都把自己的标准与其他标准相容作为目标，以实现标准的互相认可。例如，为促进承压设备在欧盟范围工业领域内实施统一的技术法规，欧盟已于 2002 年强制执行《承压设备指令》（97/23/EC）；美国、日本等国家为争夺国际市场，也在积极采取措施加快国际标准制定。

2. 承压设备服役条件极端化

承压设备在石油化工、核工业、煤化工等领域应用中向装置大型化、介质苛刻化、运行长周期方向发展。单套炼油装置产能已达 2000 万 t/a，单套乙烯装置产能已达 150 万 t/a，介质含硫含酸腐蚀性加剧，检修周期由原来的 1～3 年延长至 4～6 年。应用场合的日益苛刻导致承压设备面临更加高温高压、低温深冷、复杂腐蚀、超大直径、超大壁厚、超期服役等极端条件考验。承压设备大型化、高参数化趋势，使耐高温、高压和耐腐蚀的承压设备用材料的研制与开发成为重要研究方向。承压设备用材料发展趋势主要体现在：①高纯净度，冶金工业整体技术水平和装备水平的提高，极大地提高了材料的纯净度，进而提高了材料力学性能指标和安全性；②介质适用性，针对各种腐蚀性介质和操作工况，研究开发超级不锈钢、双相钢、特种合金等金属材料，以适合各种应用条件，为长周期安全生产提供保证；③应用界限，针对高温蠕变、回火脆化、低温脆断进行研究，准确地给出材料的应用范围；④更高强度材料的应用，在设备大型化的要求下，传统的材料已无法解决超大型及超高压容器的选材问题，开发更高强度材料成为产业发展趋势。

3. 承压设备设计制造与维护的绿色化

承压设备设计制造与维护的绿色化，包括设计方法的绿色化使得产品节材节能与高效运行，制造过程中的绿色化如优化流程、改进焊接热处理工序等导致的节能减排，以及运行过程中维护方式的绿色化实现安全节能环保，如合于使用评价（fitness-for-service evaluation，FFS）、基于风险的检验（risk based inspection，RBI）等，都是绿色维护技术。国际上承压设备轻量化绿色设计制造技术发展趋势主要体现在：①在设计过程中，通过降低承压设备材料控制与设计、制造、检验各环节的不确定性，科学调整材料许用强度系数，减少设计冗余、降低容器壁厚；针对换热器采取传热流动与管子、管板强度、刚度协同优化设计的方法，同时减薄管板厚度和提高传热效率，实现节能节材。②在制造过程中，通过开发强韧性相匹配的低合金高强钢，并研究其生产工艺控制方法，合理提高材料强度，安全地减少用材；利用奥氏体不锈钢应变强化技术来提高不锈钢低温压力容器的承载能力，实现减重；采用复合材料取代部分金属部分，与金属压力容器相比，能够显著减轻质量。③在运行维护过程中，通过开发应用基于风险的检验、合于使用评价等技术，实现承压设备安全可靠运行与节能环保。

4. 承压设备全生命周期的智能化

近年来，现代信息技术与人工智能技术快速发展，促进承压设备设计、制造、检验检测、使用管理等生命全周期向智能化方向发展，这是国际上承压设备的发展趋势。智能制造是承压设备生命全周期智能化的核心，是传统制造技术与大数据、云计算、移动互联网等现代信息技术，特别是人工智能技术深度融合的产物，是企业进一步提升产品质量、提高生产效率、降低资源消耗的重要手段。智能制造是一个不断演变的大系统，过去开展的柔性制造、虚拟制造、并行工程、数字化加工，当前的网络化制造、“云制造”等，都是智能制造在不同阶段的具体表现。

承压设备技术智能化发展趋势主要体现在：材料基因组与增材制造、网络协同制造与智能工厂、智能运行与维护等方面。针对大型复杂管网，全面构建智慧管道的建设及运行管理技术与装备体系是油气管道发展的趋势之一。

1.3 我国高端装备制造产业发展形势

1.3.1 我国空天海装备产业发展形势

1. 我国航空装备产业发展动态及形势

航空装备产业发展状况是衡量一个国家装备技术水平、科技工业实力和综合国力的重要标志。在当今世界综合国力激烈较量的大背景下，航空工业的崛起对国家经济和科技发展具有特殊的重要性。从国家战略层面，航空装备是国家重大工程装备发展建设的重点领域之一。近年来随着政府对航空产业的高度重视和国内强大的市场需求，我国航空工业面临着前所未有的发展机遇和良好环境。《民用航空工业中长期发展规划（2013—2020年）》《中国制造2025》等规划，为我国航空产业发展指明方向，将推动我国航空工业实现快速发展。

我国航空产业和世界领先水平相比，还存在较大的差距。特别是中国航空发动机研发和制造技术仍然落后于欧美国家，这也是长期以来中国航空装备产业链发展的瓶颈和短板。但中国长期以来无论从政策上还是资金上，都在支持发展自主航空产业。近些年，我国的航空装备一直在稳扎稳打地推进。

在军事航空装备领域，我国空军仍在加速建设期，各军兵种都对航空装备提出急切需求，先后列装和服役了歼-10、歼-15、歼-20等先进飞机。面对各品种装备的批量需求，航空制造业总体上处于“供不应求”的局面。至少十年内，这一势头不会衰减。由于发动机国产化率不足，目前对采购新机的需求还较旺盛，维修业务在总营收的占比还较低，然而随着我国国产发动机逐步成熟，谱系补充完整，维修占比将不断提升。

在民用航空装备领域，随着国产喷气支线客机ARJ21全面进入中国民航飞机市场并正式交付用户，意味着我国自主研发民用支线客机自此打破了国外喷气客机对中国市场的垄断格局。通过ARJ21飞机的研制，我国第一次走完了喷气客机设计、制造、试验、试飞、批产、交付、运营全过程，掌握了民用喷气运输类飞机研制核心技术，填补了我国自主研发喷气运输类飞机全程实践的空白，实现了我国航空工业喷气运输类民用飞机集成创新能力的大幅度提升。中国自主设计的民用客机C919试飞取证工作已进入尾声，正在稳步推进生产交付，未来我国C919

的上量交付将带动国内航空配套产业发展，也将大力牵引新材料、工艺装备、电子信息等产业发展。2020 年 11 月，波音发布《中国民用航空市场展望》报告，预测 2020～2039 年中国需要新购 8600 架民机（其中，单通道 6450 架），价值 1.4 万亿美元。同期，民航服务（维修加运营）价值 1.7 万亿美元。两项相加，共计 3.1 万亿美元，约合 20 万亿元人民币，年均约 1 万亿元。中国航空工业发展研究中心（Aviation Industry Development Research Center of China，ADR）发布的《民用飞机中国市场预测年报（2020～2039）》预测我国 2020～2039 年需补充飞机 7576 架，这与波音预测数据相近。

2. 我国航天装备产业发展动态及形势

自中美贸易战以来，美国新一轮管制从基础研究、前沿科技应用和配套运输方面对中国包括航天在内的高端装备领域和前沿科技的发展进行遏制和打压，希望扼制中国科学技术的发展和进步，对我国航天领域高端装备的核心元器件、基础材料和关键技术发展提出了更高要求。同时，美国联合其盟友国家加大了对月球、火星的控制权争夺，企图先发制人掌握制太空权。

我国空间基础设施发展已具备坚实基础，卫星研制与发射能力步入世界先进行列。预计 2022 年前后，我国将完成空间站在轨建造计划。资源、海洋、气象、环境减灾等遥感卫星已具备一定的业务化服务能力。陆地观测卫星性能基本达到国际主流产品水平，星上实时成像及特定目标检测能力稳步提升。海洋卫星能够满足基本的业务应用需求。气象卫星技术能力整体上与国际先进水平相当，在成像观测和红外高光谱大气垂直探测相结合的综合观测能力方面，达到了国际领先水平，初步实现从跟跑并跑到局部领跑的超越。

北斗卫星导航系统是我国自主建设、独立运行的全球卫星导航系统。目前，北斗三号全球系统已完成组网运营。2018 年，北斗系统发射一年 10 箭 18 星，创下了人类四大全球卫星导航系统的新纪录；2019 年 11 月，北斗的倾斜地球同步轨道（inclined geosynchronous satellite orbit，IGSO）卫星全部发射完毕；2019 年 12 月，北斗最核心的中地球轨道（medium earth orbit，MEO）卫星全部发射完毕；2020 年 6 月，北斗三号完成最后一颗全球组网卫星发射，至此，北斗三号工程基本完成建设。未来将产生显著的经济效益和社会效益。

随着探月四期、首次火星探测任务、重型运载火箭等重大航天工程项目的稳步推进，中国航天正在由高速增长阶段向高质量发展阶段转变。

我国民用空间基础设施正处于转型发展关键期。服务模式上从试验应用型为主向业务服务型为主转变，发展机制上从政府投资为主向多元化、商业化发展转变。我国商业航天刚刚起步，未来有可能成为构建空间基础设施的新兴力量。

3. 我国海洋装备产业发展动态及形势①

在国家创新驱动战略和科技兴海战略的指引下，中国海洋装备科技在深水、绿色、安全的海洋高技术领域取得突破，在关键共性技术方面取得了重大进展。

1）主流船型形成全系列研发建造能力

当前，我国在造船规模上跃居世界第一，造船技术水平和能力正在向高端船舶市场砥砺突围。在主流船型方面，我国已具备在散货船、油船领域全系列船型的研发建造能力，形成了自主品牌产品，得到了国内外客户认可；在集装箱船方面，我国已经能够生产建造 1000～22 000TEU 集装箱船，大部分产品具备自主设计能力；在高技术和特种船舶方面，我国已经具备大型 LNG 船、超大型油轮（very large crude carrier，VLCC）、汽车滚装船等船舶建造能力；在化学品船、挖泥船、客滚船等特种船舶方面，我国也实现了批量建造。

2）海洋油气开发装备具备较强建造能力

我国目前已基本实现浅水油气装备的自主设计建造，部分海洋工程船舶已形成品牌；深水油气工程技术装备已建成一支以海洋石油 981、海洋石油 201、振华 30 为代表的大型深水油气“舰队”。在 300m 水深以内的海洋油气资源开发装备领域，我国建成固定平台近 300 座、FPSO 13 艘，具备固定式平台、自升式平台、半潜式平台、FPSO 总装建造能力，相对建造成本低，形成了比较完整的产业链；具备了 300m 水深以内常规油气田勘探、开发、钻井、工程设计与建设、油气田运营维保能力。

3）深海矿产资源开采装备技术持续进步

目前，我国深海固体矿产资源评价工作全面开展：调查对象从单一的多金属结核资源拓展为多金属结核、多金属硫化物、富钴结壳、稀土等多种资源；作业海域从太平洋向印度洋、大西洋拓展。目前，我国已开展深海采矿单体工程技术海试，标志着中国深海采矿技术由湖试转入海试，缩小了中国与世界先进水平在深海多金属结核采矿技术方面的差距。

4）海洋装备本土化的配套率持续提升

在大型海洋装备设计及总包、装备研发设计、核心配套等产业环节，多数还是被发达国家的企业所控制，我国海洋装备企业主要集中在自升式钻井平台和中小型海工辅助船领域。国内企业在自主研发、设计等关键领域仍处于落后位置，部分建造企业只承担一部分详细设计、生产设计任务，尚未进入海洋装备产业链的上游位置。从核心技术来看，包括钻井包在内的核心设备和控制系统主要依赖进口，已成为国内企业进入产业链高价值环节的阻碍。提升国产配套率将是我国

① “中国工程科技 2035 发展战略研究”海洋领域课题组（2017）。

海洋装备产业发展的重点。

1.3.2　智能制造装备产业发展形势

1. 我国高档数控机床装备产业发展形势①

在04重大专项的支持下，我国高档数控机床行业产业发展取得了显著进展。我国机床产业自主开发能力显著提升，突破了一批重大关键技术，国产高档数控机床实现了局部突破，部分技术指标达到国际先进水平，解决了部分“卡脖子”难题，满足了国内重点行业对制造装备的基本需求，降低了对国外产品的进口依赖。

我国行业骨干企业已先后掌握了五轴联动、高速精密复合等高端数控机床及高档数控系统，实现了一批五轴联动、高速、精密数控机床的自主研发和生产，并在航空、航天、汽车等领域建成了若干应用示范线，中高端机床市场份额进一步提升。光学元件超精密加工成套装备的技术水平大幅提升，保证了我国巨型激光装置光学元件关键加工装备的自主可控。国产数控系统和数控机床开始批量供应，我国航空航天军工等领域的战略性需求基本实现了自主可控和产业安全保障能力。以华中数控系统为例，截至2020年底，在航空结构件领域，沈飞、成飞、西飞、昌飞、洪都航空、上飞、郑飞、618、625、303等12家企业，应用华中数控系统近200台套；在航空发动机领域，西航、商发、贵州黎阳、113、南方动力、成发等6家企业，应用华中数控系统近100台套；在航天领域，航天一、五、八、三、四院等15家企业，应用华中数控系统超过200台套；在兵器领域，包一机、江麓、北奔重型、重庆铁马、西安昆仑、江滨、云箭、平原光电、山西柴油机等9家企业，应用华中数控系统145台套。

在基础制造装备领域，我国开发了一大批冲压、锻压、铸造、焊接及热处理等基础制造装备，为部分重点行业大型结构件和零部件加工制造提供了支撑。研制的世界最大的8万t模锻装备及模锻工艺技术，解决了超大型锻压装备的从无到有的问题，实现了飞机大型模锻件的批量化生产和工程化应用；汽车覆盖件自动冲压线打破了国外垄断，国际市场占有率从零提升到40%，国内市场占有率提升到了80%以上；研制的大型搅拌摩擦焊装备，成功应用于航天装备等领域，填补了国内空白。通过产学研用结合，完善了机床行业的创新体系，带动了国产机床主机、数控系统及功能部件产品的优化升级。

由于市场需求变化和行业自身基础不牢，我国机床行业的结构失衡问题尚未

---

① 王磊和卢秉恒（2020）。

消除。高档数控机床仍是我国先进制造业发展瓶颈。我国产业规模化程度低，国内企业创新能力薄弱，高端产品产业供应链对外依存度仍然较高，市场也被外来企业不断蚕食。然而，通过航天航空等重点行业用户需求牵引和示范应用，国产数控系统、功能部件与主机装备的配套关系正在改善，产业链企业正在瞄准实现“中档规模化、高档产业化”稳步推进。目前，全国产数控机床产品系列不断丰富，逐渐形成高档数控机床装备完善的产业链，有效提升了国内企业的市场竞争能力。

根据德国机床制造商协会数据，2020 年中国机床产值和消费额位居世界第一。从机床供给市场来看，2020 年全球机床行业产值为 578 亿欧元，中国产值为 169.5 亿欧元，在全球市场中占据份额为 29%。德国、日本产值分别为 86.6 亿欧元和 82.2 亿欧元，分别位居全球第二和第三，在全球市场中的份额分别为 15%和 14%。中国、德国和日本三个国家占据了全球 58%的份额。从机床需求市场来看，2020 年全球机床行业消费额为 573 亿欧元，其中中国消费额为 186.1 亿欧元，在全球需求市场中占据份额为 32%。美国、德国消费额分别为 66.7 亿欧元和 45.1 亿欧元，分别位居全球第二和第三，在全球需求市场中的份额分别为 12%和 8%。中国、美国和德国三个国家占据了全球 52%的份额。通过数据发现，中国机床行业近年来出口量呈增长趋势，已从 2011 年 18 亿欧元出口额增长至 2019 年近 40 亿欧元出口额。越南、美国、印度、俄罗斯及朝鲜为中国机床行业 2020 年全球前五大消费市场，占总出口量的 35.5%，消费金额达 12.47 亿欧元。2020 年尽管全球制造业受新冠肺炎疫情影响发展滞缓，中国机床出口增长率较 2019 年下降 10%，但美国、俄罗斯和朝鲜进口中国机床的消费额分别有 2%、11%和 26%的增长。与此同时，根据中国机床工具工业协会和德国机床制造商协会统计数据，中国机床进口额自 2018 年 82 亿欧元下降至 2020 年 52 亿欧元。数据显示，中国逐年减少对进口机床的依赖，其中，中国对排名前五的机床供应地区（日本、德国、中国台湾地区、瑞士及意大利，占进口总额的 83%），在 2020 年的进口比例均有 1%至 37%的减少。

未来我国经济长期向好的预期以及超大规模的内需市场，正吸引全球先进制造产业供应链积极布局中国。本土化成为外资企业参与中国市场竞争的主要方式。国内数控机床市场出现了以外资企业本土化为代表的新形势。一批跨国机床集团在中国设立独资企业或合资企业，如德国德马吉、美国哈挺、日本小巨人等，本地化生产将形成生产能力。

与此同时，随着行业发展改革的深入，国务院国资委相关央企正通过战略整合，以新方法、新路径引领高端机床装备行业发展。同时，国内培育成长了一批具有市场影响力的“专精特”企业，以济南二机床、株洲钻石等为代表，国有数控机床企业获得了极大的发展，以大连光洋、北京精雕、上海拓璞、深圳大族、华中数控、广州数控等代表，民营企业发展迅速，一些制造业发达地区的“专精特新”产业集群已逐渐形成规模，成为推动行业发展的新兴力量。2020 年 9 月，国家发展改革委等四部门联合印发了《关于扩大战略性新兴产业投资 培育壮大新增长点增长极的指导意见》，明确要加快高端装备制造产业补短板，并具体提出要重点支持高档五轴数控机床的生产。未来 5～10 年，围绕新形势下我国经济社会发展和国家安全的重大战略需求，我国将加大支持数控机床产业发展。

2. 我国增材制造装备产业发展形势

“十三五”期间，由于国家高度重视不断出台政策进行产业扶持，我国增材制造装备产业发展迅速，产业规模增加速度略快于全球整体增速。通过设立激光与增材制造专项支持，建立国家增材制造创新中心，在工业强基工程重点产品、工艺“一条龙”应用计划中列入增材制造等举措，增强了增材制造产业基础和创新能力。在前沿技术开发、产业创新能力、关键工艺装备、零部件配套、产业应用等环节的关键核心技术方面取得了系列突破，初步建立了涵盖增材制造材料、元器件、基础软件、制造工艺和装备、重大工程应用的全产业链。增材制造已成为我国新兴产业领域如飞机、运载火箭、舰船、核能、新能源汽车等的先进制造手段。

当前，增材制造已成为各领域科技创新的加速器。“3D 打印+”正在向各个制造业领域、社会生活的各个方面深入应用，并在零部件集成打印、轻量化、高效换热、新材料应用与多材料功能梯度结构设计等方面带来产品与装备的创新。“3D 打印+”在航空航天、船舶海工、新能源领域、机器人领域、再制造领域、精准医疗、生物医疗、汽车、模具、建筑领域、电子产业及文化创意产业等将持续深入拓展。我国本土涌现出一批具有市场竞争力的骨干企业，规模稳步增长，形成了若干产业集聚区。根据赛迪顾问数据，2019 年中国 3D 打印产业规模为 157.5 亿元，较 2018 年增加 31.1%，占全球比重约 18.6%。2020 年中国 3D 打印市场规模增长至 203 亿元，其中，规模以上增材制造装备制造企业营业收入 105.2 亿元，同比增长 14.6%，实现利润总额 9.7 亿元，同比增长 142.5%。据中国增材制造产业联盟预估，2021 年增材制造企业营收约为 265 亿元，近四年平均增长率为 30%，较全球年均复合增长率 20.4%高出约 10 个百分点。

我国整体技术水平接近国际先进，在部分领域达到国际先进。如我国采用激光熔覆沉积技术实现了世界上最大、投影面积达 16m^2 的飞机起落架、发动机承力框的增材制造等，解决了传统方法难以实现的复杂结构、功能集成整体制造的难题；采用多丝协同的电弧熔丝增减材工艺装备，实现了世界上首件 10m 级高强铝合金重型运载火箭连接环样件制造的技术突破，等等。我国开发成功融铸锻焊于一体的创新工艺，成为反制西方的一项技术（卢秉恒，2020）。但与世界领先水平还存在差距，属于“跟跑”状态。我国的基础研究、技术短板、标准体系、资金和人才等支撑体系仍亟待完善。教育部将增材制造（3D 打印）工程正式列入 2021 年度普通本科专业。2020 年 2 月，国家标准化管理委员会、工业和信息化部等六部门印发《增材制造标准领航行动计划（2020—2022 年）》，提出到 2022 年，基本建立立足国情、对接国际的增材制造新型标准体系。这将会极大地提升和增强我国增材制造产业的国际竞争力。行动计划预计增材制造产业规模年均增速在 25%以上。

1.3.3 民生装备产业发展形势

1. 农业装备

我国农业装备产业发展进入新阶段。近年来，我国农业装备产业稳步发展，成为世界农业装备制造和使用大国。技术及产品加速智能化转型升级，推进形成新一代智能农业装备技术及产品体系重构农业生产场景，智能农场、植物工厂、智能牧场、智能渔场、智能果园等农业智能化生产模式加速发展。同时，产业发展的国际化也深刻影响国际竞争格局，关键核心技术制高点竞争凸显，创新体系、创新战略、创新链与产业链的竞争日益重要（吴海华和方宪法，2020）。

一是技术及产品加速智能化转型升级。形成了耕种管收及加工的技术与产品体系，形成了信息化、智能化的技术基础，走出了一条大中小结合、农机农艺融合、装备与信息的特色研发创新之路。在自动化、信息化、智能化等前沿及关键核心技术方面，信息获取、传感与控制、定位导航等技术持续迭代成熟，从实验室阶段向中试、产业化阶段发展，部分已实现产业应用；在耕种管收田间作业、农产品产地加工及储运、设施园艺及养殖等智能农机装备方面，骨干农机企业智能制造工艺和装备逐步提高，智能农机装备制造能力、生产效率和产品质量稳步提升，已经具备了 500 多种智能产品研发生产能力。未来，将以农业传感器、农业机器人、大数据、人工智能、新一代信息技术为核心，发展新一代智能农业装备，形成智能农场、植物工厂、智能牧场、智能渔场、智能果园、农产品加工智能车间、农产品绿色智能供应链等技术及装备应用体系与模式，实现农业智能生产。

二是产业国际化发展步伐加快。近年来，“引进来”和“走出去”成效显著，国际农机制造巨头及产品纷纷进入中国市场，约翰迪尔、凯斯纽荷兰、爱科、久保田、马恒达、克拉斯、雷肯等国外主要 20 多家拖拉机、收获机及其他农机具企业在国内设立了 40 多家工厂或代表机构，在拖拉机、插秧机、收获机及其他农机具等高端装备、高性能装备市场方面具有优势。我国农机装备产业年进出口额 100

多亿美元，国际贸易量约占全球的 20%，出口产品结构从以小型产品为主向大、中、小型产品相结合转变，大中型产品所占份额逐步提高。2019 年，据国家统计局统计，我国农机工业出口总额为 370.25 亿元，比上一年增长了 14.82%，其中拖拉机出口 33.22 亿元、饲料机械出口 4.61 亿元、畜牧机械出口 15.33 亿元、农机零部件出口 12.97 亿元。2019 年，进口联合收割机 36 台、棉花采摘机 32 台。2020 年，海关数据显示，84 种农机产品及零部件进出口贸易总额为 104 亿美元，其中：出口 88 亿美元、进口 17 亿美元，贸易顺差 71 亿美元[①]。同时，近年来中国一拖、潍柴雷沃等我国骨干企业也积极推进研发国际化，并尝试以收购、引进等方式获取新技术、新产品，推动企业国际化发展。随着“一带一路”倡议的实施，我国农业装备产业将迎来新的更大发展机遇。

2. 食品装备

当前，我国食品装备工业基本能够满足国内食品工业生产需求，正朝着功能多元化、结构设计标准化、控制智能化、结构高精度化方向发展。一批技术含量较高的食品装备除了满足国内需求外，已出口到国外（张慧媛等，2015）。

一是食品装备数字化、信息化发展趋势增强。近年来，食品装备科技创新步伐不断加快，技术能力显著增强。食品装备制造企业通过实施机、电、光等一体化技术及模块化、信息化等先进技术应用，加快提升食品关键装备研发和成套装备设计能力，尤其在大容量灌装包装设备、低温立体库、智能化酿造装备、智能立体仓储、后包装设备等领域获得显著提升。

二是传统液态食品生产线升级改造意愿明显。乳制品、饮料、酒类、肉类等行业领域以数字化转型为产业发展推动力，以信息化和可追溯性为目标，推动智能装备创新发展。其中，乳制品、白酒和调味品等行业进入自动化、智能化酿造装备大规模应用阶段；低温乳制品装备保持稳定增长，进而推动低温立体库、食品安全追溯、供应链体系装备发展；中央厨房、果蔬加工、传统食品加工、自动化酿造、精酿啤酒等领域装备加快产业升级，向系统化全线智能流水生产线过渡发展；饮料行业中 1.5L 及以上大包装、家庭装、商务用水等瓶装水装备市场稳定，推动大容量智能化灌装包装设备快速进步。主要白酒企业着手新建或改造酿造车间，小曲清香类型产品已实现从智能酿造到智能包装的全线智能化。调味品行业基本实现智能酿造和包装，智能立体仓储发展速度较快。

三是食品装备制造产业集中度获得较大提升。随着食品装备行业逐渐由同质

① 《2019 年农机工业出口主要数据分享》，http://www.caamm.org.cn/%E7%BB%9F%E8%AE%A1%E6%95%B0%E6%8D%AE/2431.htm[2020-02-13]。《我国农机出口实现 6 个月持续增长》，http://www.caamm.org.cn/hygz/2789.htm[2021-02-07]。

化、低价格的恶性竞争转变为以技术创新为引领，高性价比的发展模式，行业整体品质提升与转型升级趋势显著。其中，乳制品、饮料、肉类加工、后端包装等装备领域不断涌现标杆性产品；肉制品装备、面食机械、烘焙装备、白酒酿造及灌装、调味品等细分领域渐次跟上；灌装产品、均质产品以及数字化调配等液态食品装备领域整体科技实力提升较快，尤其是在酸奶制品、液态乳无菌灌装、乳酸菌饮料等领域形成了较为全面的装备供应体系。白酒自动化酿造及包装装备制造形成了以科技创新为导向的竞争格局，能够为市场提供质量稳定、服务性强的整线解决方案。总体来看，龙头企业通过技术创新和标准制定，形成了市场份额不断扩大、运营服务能力显著提高、行业竞争优势明显的良好发展态势；中小型企业则逐步找准定位，通过提供个性化或者长尾化产品获得了生存权。缺乏核心竞争力的装备制造企业将被兼并或从市场消失。

3. 纺织装备

近年来，我国纺织工业在纺织装备领域取得了一系列创新成果，实现了行业关键、共性技术的突破，全行业整体技术及装备水平得到了有效提升。

一是纺织装备技术和制造水平取得新提升。国产纺织机械在技术创新能力、信息技术集成、先进制造技术应用等方面有了大幅度的提高，国产装备在发展高端纺织机械和优质专用基础件，以及高性能纤维成套技术工艺装备、功能性差别化纤维成套工艺技术装备等方面取得了可喜成果。

二是纺织装备两化深度融合呈现新亮点。国产纺织装备的信息化和智能化工作进一步推进，如纺纱全流程在线监控系统、织机监控系统、染化料自动配送系统及工艺控制系统等基本成熟，技术成果已在企业推广应用。适应纺织行业管理特点的企业管理信息系统功能日趋完善，在棉纺、毛纺、针织、印染、服装等行业已进入全面推广应用阶段。

三是节能减排与资源循环利用技术取得新成效。国产纺织机械设备的研发更加注重节能环保效果。例如，印染机械方面小浴比染色、高效短流程前处理设备、数码印花、平幅式连续水洗机等先进工艺技术与装备推广应用比例进一步提高；冷凝水及冷却水回用、废水余热回收、中水回用、丝光淡碱回收等技术得到广泛应用。此外，一批清洁生产技术的突破，从源头上减少了污染物的产生，如替代聚乙烯醇（polyvinyl alcohol，PVA）的新型可降解改性淀粉浆料及半糊化节能环保上浆技术的开发与推广应用，从源头上减少了印染退浆产生的污染。

4. 医疗装备

近年来，医疗装备产业规模不断扩大，出口连年上涨，整个产业正在从跟踪模仿的成长方式转向自主创新，产品品种和规格不断健全丰富，质量持续提高。

“十三五”期间，我国医疗装备产业高速发展，市场规模年均复合增长率为 13.6%，2019 年市场规模达 8000 亿元，国内企业产值国际占比超过 10%，成为全球重要的医疗装备生产基地。在我国有超过 1.6 万家医疗器械生产企业，上市公司数量约为 200 家，其中新三板挂牌约 160 家，上交所+深交所+港交所上市企业 50 家左右，我国医疗器械市场集中度的进一步提高将成为趋势。随着微机电、机器人、3D 打印等新技术不断应用于医疗器械，我国医疗服务和生产性服务业增长迅速，万亿元大市场正在形成。

医学影像、检验、血液净化、病理、医疗资产管理、维修整体解决方案、费用打包、物流平台、消毒等第三方集约化服务发展迅速，服务于企业的培训、注册服务、检测和临床试验服务机构越来越活跃。产业政策、金融环境持续向好发展。

多部委还出台了一系列的鼓励性政策对产业予以支持，资本市场对产业加大了投入。为加快推进医疗装备产业高质量发展，2021 年 12 月，工业和信息化部联合国家卫生健康委员会、国家发展和改革委员会等部门和单位印发《“十四五”医疗装备产业发展规划》，指出到 2025 年，医疗装备产业基础高级化、产业链现代化水平明显提升，主流医疗装备基本实现有效供给，高端装备产品性能和质量水平明显提升，初步形成对公共卫生和医疗健康需求的全面支撑能力。

1.3.4　承压设备产业发展形势

我国承压设备制造行业伴随石化、电力、冶金等行业的飞速发展，在容器结构设计、新材料研发、焊接技术、无损检测等方面取得长足进步，是国家能源和国民经济的“命脉”、城市的“生命线”、人民美好生活的重要支撑。当前我国在役压力容器数量正在稳步增长，从 2010 年的 233.6 万台增至 2020 年的 439.6 万台。随着承压设备制造产业结构调整和技术攻关的深入，目前我国在承压设备制造产业方面已跻身于世界承压设备制造强国之列；但国内承压设备市场构成呈现出两极分化的现象，即低端供给过剩、高端供给不足。目前，我国有压力容器制造企业 4500 家左右，但非标压力容器行业集中度较低，主要制造企业有中国一重、中国二重、兰石重装、南京大化机、天沃科技、宝色股份等企业。从我国承压设备制造业企业格局和趋势来看，行业整体集中度趋于增强，投资及市场资源与份额愈加向大企业转移。

我国承压设备技术工作者在国家市场监督管理总局、科技部、中石化、中石油支持下，通过国际合作，“产学研用”协同攻关，在先后解决了典型腐蚀介质环境下含缺陷结构合于使用评价、成套装置失效风险评估以及关键基础材料、关键加工工艺等技术难题基础上，突破了“拓边界、修准则、控风险”技术瓶颈，在国际上首次提出并建立了基于全寿命周期风险控制的设计制造与维护技术方法，研制出千万吨炼油、百万吨乙烯、50 万 t/a 醋酸大型煤化工等国家重大工程建设急需的多种国产首台套重大装备（智宗合，2018，2019），使得我国重要承压设备基本不再依赖进口，万台设备失效事故率逐年下降，达到发达国家先进水平，标志着我国承压设备设计制造与维护技术实现了从跟跑到整体并跑、局部领跑的跨越（陈学东等，2017；陈学东，2018a）。我国承压设备产业整体发展情况如下。

1. 承压设备技术标准体系基本建立并逐步完善

从自身国情出发，我国制定了承压设备选材、设计制造、损伤模式识别、基于风险的检验、在线检测、合于使用评价等方面从法律、法规、综合技术法规至技术标准的完整体系，并在全行业共同努力下不断充实和完善，有效促进和规范了行业技术进步；同时促进了我国承压设备相关标准的国际化。

2. 我国承压设备设计边界逐步拓展

针对承压设备服役条件极端化趋势，通过“产学研用”协同攻关，揭示了高温、深冷、超高压、强腐蚀等极端压力容器失效模式和机理，建立了完善极端压力容器设计准则和方法，拓展了我国承压设备设计边界。开展的高温蠕变疲劳强度设计、低温防脆断设计、超高压疲劳强度设计、复杂腐蚀抗环境断裂设计、超大尺度防屈曲设计等新方法和准则覆盖了国外标准规范最新的压力和温度边界。

3. 率先进入承压设备基于风险与寿命设计制造的新时期

在国际上首次提出基于风险与寿命的设计制造理念，建立了基于全寿命周期风险控制的设计制造技术方法，开发出专业分析软件和数据库（陈学东，2018a）。该方法已被 TSG R0004/TSG-21《固定式压力容器安全技术监察规程》、GB 150《压力容器》等压力容器强制性标准规范采纳，并指导了 20 多种反应、换热、储存、分离压力容器的设计制造，极大提升了我国压力容器设计制造整体水平，标志着我国率先迈入了以全寿命风险识别、预测与控制为基准进行设计制造的新时期。同时，我国拥有先进锻造、焊接、热处理等承压设备制造技术装备，制造能力总体达到国际先进水平，部分达到领先水平。

4. 深入推进承压设备高端制造、绿色制造、智能制造和工业强基工程

瞄准高端制造、绿色制造、智能制造方向，合肥通用机械研究院、浙江大学、中国特种设备检测研究院等单位通过“产学研用”联合攻关，致力于开发更高参数的极端承压设备，打破国外“卡脖子”技术封锁；开展重要压力容器节能节材降耗绿色制造关键技术研究，研制出大型加钒钢加氢反应器、超大型丁辛醇换热

器、大型高参数低温乙烯球罐、奥氏体不锈钢深冷储运容器等典型轻量化重大装备；积极促进材料基因组与增材制造、网络协同制造与智能工厂、基于特征安全参量的智能远程运维等智能化技术在承压设备领域的应用（Chen et al.，2019）。工业强基是我国实现制造强国的必由之路；因此，解决承压设备产业基础方面存在的短板及“卡脖子”问题，是实现承压设备高端、绿色、智能化升级的重要基础（国家制造强国建设战略咨询委员会和中国工程院战略咨询中心，2016）。

5. 关键技术突破确保压力容器与管道长周期安全运行

合肥通用机械研究院等单位借助国际合作，在国内石化行业成套装置率先进行基于风险的检验技术研究与应用，解决了国外技术与我国装置设备不适应的难题，提出了成套装置基于风险的检验工程技术方法，开发了含缺陷承压设备合于使用评价技术、在线检测监测技术等，形成了一套达到国际先进水平的基于风险的在役维护技术体系。成果在石化、电力、燃气、国防军工等领域广泛应用，实现了我国检维修理念和方式的根本变革，使得我国炼油装置检维修周期由原来的 1 年延长至目前的 3～6 年、乙烯装置由原来的 2 年延长至目前的 4～6 年，万台事故率由 21 世纪初的 2.5 下降至 0.09，总体达到世界先进水平，中石化、中石油所属企业年检维修费用降低了 15%～35%（陈学东，2018b）。

总的来说，凭借着持续提升的技术水平、可靠的产品质量、完善的配套供应链体系及比较价格优势，我国已成为全球承压设备重要的供应国，达到发达国家同期水平；但在先进原材料（尤其基础材料性能数据）、先进生产焊材及焊接工艺、新设计方法、设计分析软件等方面仍存在不足，在高端化、绿色化、智能化设计制造与安全维护方面与发达国家之间仍存在差距。

第2章　高端装备制造产业核心工业基础现状

2.1　核心工业基础及能力现状

目前我国高端装备制造产业基础领域的相关产品整体上处于价值链中低端，产业链关键环节断链。一方面表现为产能过剩，低价竞争；另一方面表现为中高端产品供给不足，部分高端产品和关键技术受制于人。我国工业基础的产业链对外依赖程度大，多种关键基础材料、核心元器件、芯片、工业基础软件等依赖进口（国家制造强国建设战略咨询委员会和中国工程院战略咨询中心，2016）。与此同时，我国核心工业基础共性技术研发体系不健全，技术创新链重要环节断链，导致部分技术供给能力缺失。工业基础相关产品实验验证环境仍然不足，基础实验和验证数据缺失现象较为普遍。近几年来，我国相关产业也努力向高端产品进军，但产品可靠性和质量一致性仍然较差，导致国产化应用困难，尚未形成市场机制下的产业链高效运行机制。当前，我国核心工业基础薄弱导致产业链尚不足以支撑国内大循环格局的建立和运行。

2.1.1　空天海装备产业核心工业基础及能力现状

1. 航空装备工业基础及能力现状

目前我国航空装备产业较发达国家还有巨大差距，我国航空材料、工业软件、制造装备等基础产业的发展还不能完全支撑我国先进航空装备的发展。

航空装备核心部件和关键技术还有待突破。对于军用航空发动机的核心部件，我国已经基本能够自主，但性能水平离先进航空强国还有较大差距，主要体现在目前很多核心部件还是参考和仿制，基础原理还没有掌握，还需要进行大量扎实的研究试验提升工作来弥补差距。航空装备对基础材料、基础零部件和元器件的可靠性和稳定性要求极高，目前我国高温合金等基础材料的性能还有一定的差距，基础零部件和元器件的可靠性差距则更加明显。受此影响，我国大推力航空发动机的研制尚面临较多技术瓶颈有待突破。

设计软件、仿真手段等软科学长期依赖国外产品，是我国航空装备的薄弱环节。航空装备对设计能力要求高，所以对先进的设计方法和仿真手段依赖程度很高，国外很多工业设计、仿真软件都是针对航空装备而发展起来的。我国在相关领域的产品呈现出散、乱、小等特点，尽管 623 所等国内一些研究所先行先试，在仿真软件领域开拓创新，但工业化实用的设计和仿真软件需要有长期稳定的投入研发，相比单个装备型号，更需要积累，目前分散的个体行为，其研究成果尚难以从体系上支撑我国航空装备产业。此类软科学的技术现状严重制约了我国航空武器装备的转型升级，也存在“卡脖子”隐患。

人才建设短板日益显现。虽然我国航空院校众多，专业门类也相对齐全，培养了大批高端航空装备产业人才，但随着科技的进步，航空装备性能要求越来越高，从最初的飞行性能要求逐渐向功能实现转型。这使得一些新兴专业人才极为紧缺，比如智能制造、人工智能、信息化、高端精密加工等专业人才缺口较大，现有人才配置远不能满足航空装备产业所需。

2. 航天装备工业基础及能力现状

目前，我国空间基础设施建设还无法完全满足经济社会发展的迫切需要，不仅存在顶层规划缺失，系统整体能力不足，部分核心关键技术受制于人、应用滞后，投入机制不完善，各部门重复规划建设等问题，同时还亟须应对世界航天强国对我国实行技术封锁和政策挤压的外部严峻挑战。

在运载发射方面，我国火箭发射的稳定性和多选择性受到国际市场的认可，目前相关研究团队正加大可重复使用火箭的研制工作力度。然而，一方面，我国商业航天发射产业目前尚未有进入应用阶段的可重复使用火箭型号，发射成本较高[快舟 11 号（2020 年 7 月首飞失利），近地球轨道（low earth orbit，LEO）卫星发射成本目标为不高于 1 万美元/kg，长征 11 号甲运载火箭（预计 2022 年首飞）重视经济性，预计发射成本达到 1 万美元/kg，而猎鹰 9 在 2020 年 3 月披露发射成本约为 0.40 万美元/kg]，我国商业航天发射在国际市场上缺少竞争力。另一方面，美国在 2011 年通过了沃尔夫法案，基本全面禁止了中国商业火箭发射的国际合作，在其威慑下其他西方国家与我国相关领域的合作中止或推进缓慢，导致我国航天产业的国际化和国际交流遭遇了极大的困难，为我国航天发射技术的发展和商业推广都增添了大量阻碍，研发成本及时间成本有所提高，竞争力有所下降。

在遥感卫星领域，卫星整体规划居于世界前列，但各系统发展不均衡。卫星轨道单一，难以满足对全球和重点地区高频次覆盖要求；在一些核心指标如分辨率、定位精度、定量化水平等方面还存在差距，卫星系统还存在高分辨率连续观测能力欠缺，多维度信息获取能力不足等问题。

在通信广播卫星领域，卫星功能体系逐步健全，但是在整体规模上仍然不足，难以满足近年来呈现爆发式增长的境内外通信需求。

在导航卫星领域，北斗系统相对 GPS 还有一定差距。目前正在建设中的北斗系统全球组网，在定位精度、全球授时精度等指标与 GPS Ⅲ卫星仍存在一定差距。在空间科学卫星方面，我国整体发展水平落后较为明显，空间科学系列卫星数量少于日本；载人航天工程空间科学与应用任务数量较美国、俄罗斯存在数量级差距；空间科学领域的科学发现成果数量也存在显著差距。

在其他天基装备方面，我国先进装备研发与美国、俄罗斯等国际领先水平还存在较大差距，在太空态势感知、卫星机动控制和碎片移除、情报侦察等领域依旧处于探索研究阶段，急需加快重大项目论证布局，并以此为牵引抢占先机。

3. 海洋装备工业基础及能力现状

我国海洋油气开采配套的钻井设备与先进国家相比，在研发、制造、质量、服务等方面存在一定差距，品牌影响力较弱，国外用户认可度不高。尽管通过近年来的大力研发，国内钻井设备配套水平大有进步，以国内企业为龙头的配套产品在海洋钻井平台核心设备的应用取得一定突破，但仍然是中低端产品市场的应用。在半潜式钻井平台方面，已具备自主研发、设计、建造半潜式钻井平台能力，但关键设备国产化率极低，运营维护能力不足。

半潜式生产平台已广泛应用在墨西哥湾、巴西和西非等海域，国外设计公司也有相应的船型方案和设计专利。该平台已是深水油气田生产开发的主力装备，我国在设计方面基本为空白。我国在张力腿平台方面还处于概念设计和研究阶段，很多关键技术需要结合工程实际应用实现技术突破。在立柱式平台（spar platform，SPAR 平台）方面，尚无具体工程设计项目和经验，也无建造经验。

在三用工作船、平台供应船、平台守护船等高端海工辅助船设计领域，挪威公司占据基本设计绝对的统治地位，掌握核心设计技术，我国研发设计理念方面与国外还存在不小差距。在物探船领域，国内在总体设计理念、安全性及舒适性方面与欧美设计还存在一定差距。在铺管船方面，我国具备自主研发设计浅海海域作业能力，具备 S-型铺管系统的设计建造能力，但主要设备张紧器、A/R（abandonment and recovery，弃置与回收）绞车、自动焊接设备依赖进口，其中，J-型铺管已实现工程样机研制，对于 R-型铺管，国内无此类船设计建造和使用经验。

限制我国海洋装备产业高质量发展的问题，一方面是我国海洋装备行业由于长期注重产业规模扩张，自主创新能力不强，核心技术研发能力薄弱，主要采取参照或直接引进国外技术现象普遍，关键技术多由国外垄断，导致产能结构性过剩，低端海洋装备及产品订单承接多，产品技术含量低，在设计研发上，仅能设计部分浅海海洋装备，无法涉足如大型 LNG 船、大型邮轮等高端、新型装备领域。另一方面是核心配套设备、核心零部件等严重依赖进口。海洋装备所需的配套装备规格种类较多、技术含量高、研发困难，我国只在低端配套上占有一定份额，高端配套设备则严重依赖进口，本土化程度很低。在行业软件、材料、智能船舶感知控制元器件、观通导航核心元器件、动力配套设备核心零部件等方面仍受制于人。

2.1.2　智能制造装备产业核心工业基础及能力现状

以高档数控机床为代表的我国智能装备产业核心工业基础不牢，技术创新能力薄弱，在高端领域应用的核心问题尚未最终解决。我国智能制造装备在正向设计、基础共性技术、基础器件的配套能力、产业前沿技术研究方面，距世界先进水平的差距明显。在 04 重大专项支持下，我国高校、骨干企业和科研机构产学研合作密切，初步建立了高档数控机床产业基础和创新能力平台，先后在数字化设计技术、高档数控系统、“三航两机”关键零件加工工艺、机器人精密减速器齿轮加工技术、大型重载锥齿轮技术、船用螺旋桨加工技术、大尺寸硅片超精密磨削工艺、大尺寸非球面超精密加工工艺、精密光栅制造技术及整机可靠性等方面实现了技术突破，开发的系列装备已全面进入航空航天、航海、汽车、电子信息装备制造领域应用，奠定了我国高档数控机床的发展基础。我国高档数控系统国内市场占有率提高到 28%，中档数控系统提高到 55%以上，量大面广的数控机床（加工中心、数控车床等）相关可靠性指标基本达到国际先进水平，面向航空航天、船舶、汽车、发电装备制造所需的高档数控机床相关品种基本满足，摆脱了“卡脖子”问题。但是，我国高档数控机床产业核心工业基础及能力现状距离工业强国先进水平还远远不够，还需要国内企业不停发展和创新改进。

近年来，机床行业整体行情低迷，我国数控机床产业面临激烈的市场竞争，特别是高档数控机床面临市场化机制失灵的竞争形态。与此同时，中小企业竞争激烈，大企业也面临兼并重组、转型升级的压力。大型国有企业的体制机制限制，再加上机床制造业的盈利能力不足，导致部分企业经营行为短期化，技术创新的意愿和动力不足，企业转型升级缓慢。与国际先进水平相比，我国高档数控机床无论是整机、功能部件还是数控系统，其综合性能、功能和综合成本等仍有较大差距，产业竞争能力不强，在国内市场配套的规模化程度较低。

目前相关核心元器件、关键工业软件、高档数控系统、高端功能部件及其制造装备依赖进口。尽管国产数控系统和功能部件的可靠性等技术指标接近国际先进水平，但由于缺少下游用户的充分验证，配套能力仍然不足。我国数控机床装备与德国、日本等国相比，行业缺少专精特企业，国产配套产品技术趋同，低价位竞争，严重制约了国产高性能装备的研发和制造水平。国产数控机床的加工效率、可靠性、精度和使用寿命等与世界先进水平还有差距，高端产品对外依存度仍然较高。高性能数控系统和超精密机床仍属于“卡脖子”问题，国外对我国至今仍进行封锁限制。整体上，对照 04 重大专项实施完毕后的状态来判断，我国高端数控加工装备距离世界先进水平大概存在 10～15 年的差距（王磊和卢秉恒，2020）。

2.1.3　民生装备产业核心工业基础及能力现状

1. 农业装备

我国已经成为世界农业装备制造和使用大国，但却还不是强国。在产业总体水平、技术产品创新能力以及企业国际市场竞争力方面与美国、德国等领先国家仍旧有较大差距。

我国农业装备产业经从无到有、从小到大发展，正从弱向强升级，8000 多家企业分布产业链上中下游，形成大中小企业、高中低端、关键零部件与整机协同发展的产业格局，产品满足了国内 90%以上的市场需求。

产学研协同的产业技术创新链初步构建，土壤植物机器系统技术国家重点实验室、拖拉机动力系统国家重点实验室、国家农业机械工程技术研究中心、农业装备产业技术创新战略联盟等一批国家级和省部级科技创新平台，以及 30 多家省级院所、40 多家高校推进重大技术创新，支撑形成市场导向、企业主体、产学研结合的产业技术创新体系。

自主可控农业装备技术和产品体系逐步完善，“十一五”以来，国家科技计划都将农业装备科技创新作为重点方向，部署实施了一批重大重点项目，创新突破了一批高效耕整、精细种植、变量施药、智能收获、保质加工等智能农业装备技术及产品，丰富了我国农业装备的品种，优化了产品结构，但总体上仍旧存在高性能专用材料、机电液元器件、关键核心零部件、控制系统软件等核心工业基础相对薄弱的问题，制约了农业装备产业高质量发展。

2. 食品装备

“十三五”期间，我国食品装备科研实力不断增强，基础研究水平显著提高，高新技术领域研究能力与世界先进水平的整体差距明显缩小。超高压、节能干燥、超微粉碎、膜分离、冷杀菌以及光机电一体化控制等共性技术和装备取得重大突破；200m^2冷冻干燥成套设备、200t/d 油菜籽冷榨机、800MPa 高压杀菌设备、60 000 瓶/h 高速贴标机等一批具有自主知识产权关键装备填补了国内空白，缩短了与国外先进水平的差距，部分领域达到甚至超过国际先进水平；苹果浓缩汁、马铃薯淀粉和全粉、生猪自动化屠宰、中小型乳制品加工等成套技术装备，已经摆脱了国外垄断的局面，基本实现了从依赖进口转向成套出口（张慧媛等，2015）。我国食品装备总体技术水平呈上升态势，部分领域达到或接近世界领先水平。

但整体上看，我国食品装备仍然呈现出自动化程度低、市场满足能力差、单机产品多、成套设备少，高技术、高附加值、高生产率产品少，初加工设备多，深加工设备少，通用机型多，特殊要求、特殊物料加工机型少，产品性能与国外同类产品比，生产能力低、能耗高，尤其是大型成套设备性能差距更大。具体表现为以下几方面。

一是高档智能大型设备成套性差，缺乏核心技术和设计能力；关键零部件使用寿命短，肉类屠宰、乳制品等高速大型生产线关键零部件性能达不到要求导致生产线整体可靠性差，需从德国、日本、美国进口；部分与食品接触零部件采用禁止使用的制造工艺，导致有害物质向食品迁移。

二是食品装备伺服软件基本满足市场需求，但与国际先进水平尚有较大差距。国际上德国 SAP 和西门子、美国罗克韦尔、日本欧姆龙等公司大型食品工厂 ERP（enterprise resources planning，企业资源计划）、MES（manufacturing execution system，制造执行系统）等软件占据主要市场份额。食品安全仪器处于中低端水平，可以满足一般水平检测需求，检测精度和稳定性等方面与国际先进水平存在较大差距，实验室用高端精密检测仪器及部分高端检测技术装备，国内尚无替代产品，需要从日本、美国、瑞士等国家进口。

3. 纺织装备

我国纺织装备品种多、门类广，兼具离散型和流程型制造特性，产业链完整，包括纺纱装备、机织与针织装备、染整装备、化纤装备、非织造布装备、纺织仪器和配套装置、专用基础件以及软件等 600 多类产品，涵盖了从纤维制备、纺织品加工到纺织终端产品生产的所有加工设备。我国纺织装备生产的纺织品除主要应用于服装家纺以外，还在轨道交通、汽车工业、土木建筑和健康医卫等重要民生领域有广泛应用。

目前我国纺织装备产业链的总体技术水平与制造能力已位居世界前列。国产纺织装备产品销售额占到全球 50%左右，国内市场占有率已达到 80%左右，中高端装备关键基础零部件的国产化率已达到 50%（中国纺织机械协会，2019）。2019 年，规模以上企业营业收入 819.52 亿元，出口额超过 30 亿美元，仅次于德国，排名世界第二。然而，与国际先进水平相比，国产纺织装备在高端领域内部分产品的设计、材料处理、加工和装配等技术及质量管理水平等方面还存在一定差距。

4. 医疗装备

我国医疗装备产业可满足医疗的基础需求，但在高性能医疗装备方面对外依赖度高。海关统计数据表明，近年来，我国医疗装备产品出口呈下降趋势，但高附加值产品出口比例不断上升，在一些产品技术领域也已经具备了较强实力。MRI（magnetic resonance imaging，磁共振成像）的超导磁体、PET（positron emission tomography，正电子发射断层扫描）的探测器、康博刀（冷热交替治疗癌症设备）等，我国已走在前列。部分国产设备如全自动生化仪、超声诊断、脑起搏器、冠脉血管支架已在国内市场具有较强的竞争优势，并可替代进口。

另外，医疗装备产业在一些领域则仍存在受制于人的情况，而且越是极限条件下应用、越是基础前沿领域，产业的依赖性也越严重，如超声探头上所用 A/D 芯片、计算机辅助设计/制造软件（computer aided design / computer aided manufacturing，CAD/CAM）严重依赖进口。

我国在国际医疗装备市场上缺少大品牌、大型跨国企业。品牌、质量、服务决定着医疗装备在国际市场上的被认可程度，我国在这些方面的发展与产业整体实力不相适应，若想在超级跨国企业主导的国际市场中占得一席之地，需要创出一条新路。

2.1.4　承压设备产业核心工业基础及能力现状

承压设备产业基础上游产业涉及钢铁、有色金属、橡胶、塑料等原材料领域，下游产业涉及铸造、热处理、机械加工、加工机床、焊接设备、数控加工中心、测试测量仪器等加工及检测领域。承压设备产业基础能力的建设对于承压设备高端化、绿色化和智能化发展具有支撑作用（陈学东等，2020；中国工程院战略咨询中心，2019）。承压设备产业基础发展现状体现在以下几方面。

1. 承压设备产业规模和区域集聚效应业已形成

我国承压设备基础零部件、基础材料产业持续稳定增长，形成了门类较为齐全、能满足承压设备行业一般需求的生产体系，产品品种和水平有了较大提升，一些基础零部件、基础材料产量（产值）居世界前列。目前，我国承压设备行业已经处于成熟的发展阶段，承压设备国产化率大幅提升，基本实现进口替代，并实现部分产品出口海外。现阶段我国压力容器行业持证制造厂商众多；中、低端产品市场价格竞争激烈，特别是江苏、浙江、上海、山东等沿海一带企业，在行业形势比较好时大规模地扩张发展，形成产业集聚效应；但产能扩张的速度大于市场需求；多数企业生产规模不大，生产的主要产品侧重点有所不同。大多数厂商集中在中、低端产品的生产上；但同时也有部分企业取得了一、二、三类压力容器制造资质。近年来，受国际经济形势和国家宏观经济政策调整的影响，中、低端装备同质化竞争严重、产能过剩，加剧了行业竞争程度。

2. 承压设备关键技术突破能力不断增强

我国在国际上首次提出并建立基于全寿命周期风险控制的重要压力容器设计制造与维护技术方法，开发计算机辅助设计软件，研制 7 类国产首台套重大装备，并指导了 20 多种重要设备的设计制造。通过调整材料许用强度、开发低合金高强钢、传热与强度刚度协同设计、应变强化工艺控制，实现超大型压力容器轻量化；如开发材料许用强度调整技术，钢制容器节材约 10%，每年可节约钢材数千万吨。针对运行维护阶段剩余风险控制，我国已建立一套较为完整的过程工业装置承压设备系统基于风险的在役维护技术体系。现已建立适合国情的工程风险评估与控制技术体系，包括承压设备系统基于风险的检验、转动设备以可靠性为中心的维护（reliability centered maintenance，RCM）、安全完整性等级（safety integrity level，SIL）等，被国家安全技术规范采纳，编制系列国家标准，开发软件数据库。开发了高温超声、声发射、脉冲涡流等在线检测技术，以及高温应变、高温蠕变损伤等在线监测预警技术。

3. 承压设备质量技术基础体系逐步建立

目前我国承压设备标准、计量、检测、认可体系粗具规模。我国的承压设备法规标准体系最上层的法律是《中华人民共和国特种设备安全法》；第二层次的是条例，即《特种设备安全技术监察条例》；第三层次的是原国家质检总局签署的特种设备法规，如《特种设备作业人员监督管理办法》等；第四层次是安全技术规范，这些规范以 TSG 开头，如 TSG 21—2016《固定式压力容器安全技术监察规程》等；最后一层是被安全技术规范所引用的国家以及行业标准及规范，如 GB 150.1～150.4—2011《压力容器》和 NB/T 47014—2011《承压设备焊接工艺评定》等。我国计量测量能力居于世界前列，促进承压设备专用、新型、实用型计量测试技术研究水平和服务保障能力进一步增强，计量法律法规和监管体制逐步完善。我国检验检测机构体系庞大，相关技术和评价法规成熟。我国是世界认证大国，承压设备相关质量管理体系较为完善。多形式、多渠道、多层面的技术创新体系正在建设。近年来，我国承压设备领域建立了一批与“四基”相关的机构和实验室，如合肥通用机械研究院国家压力容器与管道安全工程技术研究中心。

2.2　重点领域短板及“卡脖子”问题分析

2.2.1　重要短板问题梳理

1. 我国空天海装备产业重要短板问题

1）航空装备产业重要短板问题

航空发动机及机载系统是我国航空装备的重要短板。航空发动机的水平高低直接决定了航空装备整体水平的优劣，从用途上可以分为军用和民用两类，军用发动机重视推重比，民用发动机更重视经济性和安全性。虽然民用发动机市场空间巨大，但是我国民用航空发动机还在研制阶段。航空发动机的研制周期很长，一般需要 20～25 年。我国航空发动机与世界先进水平还有较大差距。

航空装备产业具有典型的多领域集成特征。航空机载系统、飞行控制、结构/材料/制造、性能测试与验证装备、元器件、CAE（computer aided engineering，计算机辅助工程）/CAD 软件、通信导航、燃油/液压、电源系统等大量产业集群的综合优化程度是决定航空产业水平高低的重要因素。我国航空装备产业上下游自主配套能力薄弱，航空材料、工业软件、制造装备等基础产业的发展还不能完全支撑我国先进航空装备的发展，面临较多技术瓶颈和“卡脖子”问题。

2）航天装备产业重要短板问题

当前我国航天领域电子元器件、原材料、部组件等各层面产品的国产化率在 90%以上，有力支撑了我国通信导航、气象遥感、载人航天、深空探测等工程的实施。随着我国航天强国战略的实施，宇航级半导体器件成为我国“卡脖子”产品，部分核心器件依赖进口，导致航天装备的进度、质量等风险极大增加。我国正在以型号任务为牵引，引导国内厂所开展核心替代器件研制，掌握空间长寿命活动部件研制试验及可靠性验证技术，逐步解决航天装备产业发展的短板，实现航天装备产业的自主可控发展。

从核心技术掌握程度来看，我国航天产业核心技术的预先研究和技术储备不够，而美国的核心技术储备通常在 10～20 年，甚至 20 年以上，航天产业快速发展与基础研究、技术储备不足之间的矛盾正日益突出。国家工业基础的落后也使得航天技术发展存在诸多“卡脖子”因素。在电子信息、材料制造、特种加工等领域工业基础薄弱，核心元器件、关键原材料大量依赖进口，据统计，我国航天产业使用的元器件约 10%～15%需要进口，但在成本上占比却高达 85%。航天产品的高可靠、长寿命问题亟须解决。航天工业基础保障能力仍有不足。相关设计标准和规范、设计和试验验证方法以及流程也在一定程度上存在陈旧及效率不高的问题，亟须提升。以运载火箭为例，在大直径结构加工能力、液体发动机、固体发动机、原材料、重要元器件、数字化制造、制造工艺、总装测试等方面差距较为明显。

目前,我国微纳卫星装备产业在发射技术和新技术试验环节存在很危险的“卡脖子”问题。应围绕航天战略发展需要，实现航天发射、卫星、空间探测等多方面技术的发展。建设全域感知、全球覆盖的卫星遥感系统，建设陆地、海洋、大气系列卫星，逐步形成高中低空间分辨率合理配置、多种观测手段优化组合的综合高效全球观测能力，建设随遇接入、高速互联的卫星通信系统，面向市场与行业应用，积极开发利用轨位和频率资源，服务宽带中国和全球化战略，推进国际传播能力建设。

3）海洋装备产业重要短板问题

在高新船舶设计制造、深海资源开发装备、深海水下系统技术等领域，面临诸多急需攻克的基础共性问题和前瞻性关键技术。我国海洋装备产业在原创性设计、大功率发电机组、大功率变频电机、舵桨装置、大型锚机、深水起重装备、动力定位控制、传感器、液压元器件、通信导航仪器设备、*Z* 向高强度钢等仍依赖进口，特别是智能系统感知与控制器件、关键传感器等依然受到欧美国家的约束。据统计，我国的海洋装备配套设备的进口率在 70%以上，有 95%以上的设备关键组件需要依赖进口。虽然有一些国产替代产品，但稳定性和可靠性较差，技术水平和生产能力较为一般，与国外成熟产品差距较大。设计软件、仿真手段等长期依赖国外产品，有“卡脖子”隐患。

另外，深海资源开发及极地船舶装备是我国海洋装备短板。深海资源勘探、海洋油气开采设备、极地船舶、高端海工辅助船等，在研发、制造、质量、服务等方面存在一定差距，关键设备国产化率极低。近年来，随着各国对海洋战略地位的不断重视，北极地区在地缘位置、航道、能源等方面的战略价值迅速凸显，为各国利用北极航道和开发北极资源提供绝佳机遇。极地船舶装备已不仅仅是用于破冰护航的民用船只，而且是未来极地作战、资源争夺、战略部署的重要装备。

2. 我国智能制造装备产业重要短板问题

我国智能制造装备产业最大短板是缺少基础研究支持，创新能力薄弱，在正向设计、基础共性技术、基础器件配套能力、产业前沿技术研究方面差距明显，高端部件尚未形成自主开发能力及产业化。与国际先进水平相比，我国高档数控机床无论是整机、功能部件还是数控系统还存在技术短板，其综合性能、产品品质和综合成本等，与国外先进水平仍有较大差距，产业竞争能力不强，在国内市场配套的规模化程度较低。我国增材制造装备工艺与装备发展具有一定水平，但原创技术方面较差，相关标准建设相对滞后，在国际上缺乏话语权。另外，我国制造业高层次创新型人才总量相对不足，尤其与制造业相关的拔尖创新人才、领军人才，缺口依然很大，再加上国家科研院所和大型企业很多"短期"的考核机制也影响和限制了高端装备制造企业在应用基础研究方面的长期投入。

我国智能制造装备产业链短板主要体现在以下几方面：高档数控系统与伺服驱动系统、高端功能部件和关键零部件、高档整机产品及成套装备、增材制造装备等。

（1）高档数控系统与伺服驱动系统方面。高档数控系统与伺服驱动系统是决定机床装备的性能、功能、可靠性和成本的关键因素，而国外对我国至今仍进行封锁限制，成为制约我国高档数控机床发展的瓶颈。我国数控系统与伺服驱动系统虽然取得了较大的发展，但国产高档数控机床配套的数控系统 90%以上都是国外产品。国内数控系统的中高端市场被德国西门子、日本 FANUC 等瓜分。国产高档数控系统已完成攻关及国产化，近年来华中数控、广州数控、大连光洋、北京精雕等单位在多轴联动控制、功能复合化、网络化、智能化和开放性等领域也取得了一定成就，已具备一定技术水平和配套规模。但与国外先进水平相比，在功能、性能、产品品质和可靠性方面仍存在一定差距。

（2）高端功能部件和关键零部件方面。从产业链角度来看，高端部件仍然滞后于高档数控机床主机的发展需求，如主要功能单元、机床附件和高性能检测与反馈器件等 90%以上仍然依赖进口，尤其是电主轴、直线电机、精密摆头、主轴轴承、高精密光栅、在线量仪等。高端基础部件（如精密轴承、高精密光栅等）仍是"卡脖子"问题。例如，高精度主轴所用的 P2 级轴承，目前国际上主要生产厂商如 SKF、FAG、NTN、NSK、IBC 等均对国内禁售，直接影响国内机床行业的高精度主轴的制造。近年来，国产功能部件的发展水平有了较大提升，如高性能主轴单元、精密摆头、精密回转工作台、光栅等测量反馈元件、自动换刀机构、精密滚动导轨、精密丝杠单元、高精度轴承、液气润滑装置等，解决了有无和能用的问题，但技术水平还有较大差距，配套规模仍然较小。如国产主轴、导轨、滚珠丝杠等部件故障率明显高于进口设备，部件质量及寿命问题较大，各部件匹配度较差，精度保持性不佳，非正常磨损导致精度下降较快。国产伺服电机及系统故障率较高，整体抗干扰水平较弱，电气系统关键部件尚不能满足长期使用要求。

（3）高档整机产品及成套装备方面。我国高档数控机床整机正向设计能力仍有所缺乏，针对用户需求定制的工艺研究以及相应的整机、产线成套设计能力更显不足。国产数控系统、伺服系统、精密光栅等核心元器件仍未形成连通配套，领域用户认同度不高；而依赖进口部件和数控系统，又存在机床增值低、产业空心化问题。国产机床静态出厂精度基本可以达到国外先进水平，但动态特性较差，多轴联动时精度下降明显。国产数控机床可靠性和精度保持性技术还是推广应用的短板。另外，国内的汽车动力总成制造装备的产业化配套能力与国际领先水平仍然有较大差距，80%以上依赖设备进口；高速、精密及复合材料制造等的高端制造装备仍是短板；尚未形成应对新能源汽车等新兴行业具有竞争力的多样高效解决方案。超精密机床水平的差距导致光刻机核心部件——光学镜头组无制造能力，成为突破 7nm 光刻机的“卡脖子”问题。

（4）增材制造装备方面。我国增材制造产业在原始创新、关键元器件等方面存在薄弱环节，高端增材制造装备的核心元器件如激光器、长寿命电子枪、扫描振镜、微滴喷头、精密光学器件等关键零部件和商业软件严重依赖进口。目前，有些激光器及扫描器件已完成攻关及国产化，需要提高品质与可靠性，配套规模仍然较小。我国增材制造标准建设相对滞后，在国际上话语权不高。近年来的国际贸易摩擦更是凸显了我国增材制造产业在原始创新、关键元器件等方面的薄弱与不足。美国 GE 等公司已开展增材制件的规模化工业应用，含有 3D 打印部件的多个航空发动机通过美国联邦航空管理局认证。相比较，我国工业领域还处于增材制件的小范围替代和试用阶段。由于工艺成本和设备制造成本较高，我国增材制造行业下游工业用户主要集中在航空航天等领域，应用范围和用户数量有待扩展。

3. 我国民生装备产业重要短板问题

1）农业装备

我国还不是农业装备制造强国，自主创新能力和产业核心竞争力等仍旧较弱，产业整体科技水平与美国、德国、日本等领先国家相差 30 年左右，主要农机产品性能质量仅为国外先进水平的 50%左右。关键核心技术及零部件是主要短板，制约了高端农业装备自主创新，产业自主可控发展存在“卡脖子”风险。

农用柴油发动机高压共轨、动力换挡、无级变速、农机传感与控制、作业变量控制等关键核心技术受制于人；犁体和播种机波纹圆盘等入土作业部件、精密排种器、植保与灌溉喷头、打捆机打结器、大型割台、农业传感器等高性能关键零部件主要依赖进口。200 马力（=147kW）以上大型无级变速拖拉机、高速翻转犁、6 行大型采棉机、大型甘蔗收获机、挤奶机器人等高端农业装备自主化不够，全程全面机械化仍旧有 40%左右的产品空白。

例如，农机无级变速传动技术尚未成熟。变速器是实现拖拉机性能的关键部分，不仅决定拖拉机的动力性和燃油经济性，而且决定作业效率。无级变速传动技术采用电子控制技术，可保证车辆始终工作在最佳动力性和最佳燃油经济性工作区，可提高动力性、经济性、生产效率和操作自动化，其成本占拖拉机总成本的 30%左右。长期以来，国内农机传动技术以机械换挡为主，适应田间复杂工况的动力换挡、无级变速技术还未成熟，主要来自欧美。

智能传感与控制技术还处于实验阶段。智能传感与控制技术是农业装备绿色化、智能化、网联化、高效化发展的关键核心技术。长期以来，由于我国农业装备基础理论研究薄弱，缺乏作业对象、工况等基础数据和算法模型，我国农机专用传感、水肥种药作业变量控制、联合收获机智能控制等技术与国外相比有较大差距，技术性能不能很好满足实际应用需求，以致水肥药利用率低于国外先进水平 50%左右，收获作业损失大，也制约了产业高端化发展。

高端采棉机依赖进口。采棉机是典型的高端农业装备之一，一定程度上代表了农业装备技术水平，具有技术及产业引领性。当前最先进的美国约翰迪尔公司的 6 行 CP690 型采棉机集采棉、打包于一体，可一次完成采摘和机载打包，并可实时测定棉花的皮棉产量，显示和记录已经收获的面积、收获日期、工作小时数和平均棉花单产量等参数，具有工效高、速度快、采净率高、自动化程度高等优点，一台约翰迪尔 CP690 采棉机一小时可完成 60 亩（1 亩≈666.7m^2）棉花的收获作业。我国也进行了采棉机的研制工作，关键核心部件——采棉头已经实现国产化，3 行采棉机技术已基本成熟，但高端 6 行采棉机尚处于田间试验阶段，具有机载打包功能的采棉机还未实现产业应用，智能化和可靠性水平还有很大差距。

2）食品装备

我国食品装备产业科技创新步伐加快，部分领域实现赶超和追赶，质量品质和安全标准不断提升，已基本可以满足下游企业生产需求。但是，国产设备在信息化、规模化和连续化等方面能力相对较低，关键成套装备长期依赖进口和维护，关键元器件、工业控制以及软件平台等环节依然受制于人的现状还没有根本性改变，食品装备的研发设计水平、稳定可靠性及产品质量效率等与发达国家相比存在较大差距。

一是关键零部件仍大量依赖进口。当前，大型食品装备关键部件除减速机、电器柜、变频器、自控元器件等可采购自国内合资企业，仍有相当一部分关键部件如大功率驱动模块 IGBT（insulated gate bipolar transistor，绝缘栅双极型晶体管）、关键芯片、液晶屏靶材 ITO（indium tin oxides，氧化铟锡）等需要进口。一旦出现断供或“卡脖子”现象，则因国内缺少替代品，或替代品性能质量不如进口件影响食品工程装备可靠性，造成装备骤停损失或大量原料损失。此外，国内高端食品生产线的主机设备的控制系统及电气 PLC（programmable logic controller，可编程逻辑控制器）等工业级芯片技术仍高度依赖进口。

二是生产线核心设备被发达国家垄断。高速易拉罐生产线的核心设备——灌装封口机（又称封盖机），被瑞士、美国、意大利等国长期垄断。高速封罐机是依赖一道预封滚轮和二道加固密封滚轮滚压作用，形成罐身与罐盖的翻边搭接密封，其中的关键配件凸轮因国产配件缺失设计原理和数学模型，主要依据进口配件参数进行设计，产品设计缺乏理论支撑。当前，行业内国际先进滚轮设计标准可达到 7800 万次使用寿命，但国内替代品一般只能做到 800 万次到 2000 万次。因原创设计不足和关键元器件依赖进口，国内重点液态食品生产企业主要装备均进口自欧洲，且为同期全球产能最大、速度最快、技术最先进的包装装备，并享受国家关税减免、投资技改等各类政府奖补政策，对国内食品装备企业形成较大冲击。

三是国内食品级密封件技术尚未获得突破。液态食品生产过程中涉及众多密封件。这些密封件多数处于十分严苛的工况环境，不仅要求具备食品级材料标准，并且要求耐磨损、耐高温（140℃以上）、耐酸碱盐腐蚀，以及耐过氧乙酸（peroxyacetic acid，PAA）、耐臭氧（O^3）、耐过氧化氢（H_2O_2）等强氧化环境，而且生产过程中不能使用润滑油脂。当前，这类密封件的主要供应商分别来自德国、奥地利、美国和日本的公司。国内替代品存在寿命短、性能差等缺陷，不能够满足生产企业的实际需求。

3）纺织装备

我国纺织装备在绿色化、短流程和高速化、适应性等方面有短板，部分产品的可靠性和稳定性等不如进口设备，有的还存在“卡脖子”问题。

例如，大容量新溶剂法纤维素纤维装备国内还未突破。新溶剂法纤维素纤维是当前极具应用价值的新型绿色纤维材料，与传统黏胶相比，生产流程短，无硫化黄化过程，绿色环保，其使用领域覆盖服装、家纺、产业用纺织品等诸多领域。我国是全球最大的新溶剂法纤维素纤维需求国之一，国内需求量极大，目前我国新溶剂法纤维素纤维生产线与国外主流企业相比单线生产能力和纤维差异化程度仍有较大差距，国内产能远不能满足生产需求。新溶剂法纤维素纤维生产装备核心技术由欧洲少数企业掌握，研发大容量国产新溶剂法纤维素纤维成套设备是替代传统高污染生产过程的关键。

短流程纺纱关键设备处于攻关阶段。短流程纺纱关键设备包括全自动转杯纺纱机和喷气涡流纺纱机，其是为纺织工业提供用于中低支纱的大批量、高效纺纱的关键设备。这两种纺纱装备均为短流程纺纱设备，在纺中低支纱时具有比环锭纺纱设备高 7～20 倍的纺纱效率。全自动转杯纺纱机用于中低支纯棉纤维的纺纱，其细纱产品用于生产机织牛仔布等；喷气涡流纺纱机用于中低支黏胶和涤黏混合纤维的纺纱，其细纱产品用于生产针织运动服等。目前国内企业尚未突破这两种纺纱装备的核心关键技术，其中全自动转杯纺纱机均为国外企业所有，国内转杯纺纱机基本为半自动；喷气涡流纺纱技术在欧美发达国家已广泛使用，而国内喷气涡流纺纱技术还未成熟。纺织行业对这两种纺纱装备的需求量日益增长，国内纺织企业仍需要大量进口。

此外，一次成型电脑横机、高速卷绕头（锭轴长 1500mm 以上）实际生产卷绕线速度难以超过 5000m/min，且可靠性不及进口设备，可织造高性能碳纤维的特种织机等设备领域内均存在不同程度的技术短板，需进一步攻关突破。

4）医疗装备

我国体外诊断产业面临巨大风险，体外诊断试剂的制备对一些基础类的关键生物原材料存在严重的进口依赖。我国在抗原抗体、酶/辅酶/酶底物等方面的研制起步晚，在工艺上落后于美国、欧洲，基本依赖进口。

大容量医用 X 射线球管是用于 CT（computed tomography，计算机断层扫描）、DSA（digital subtraction angiography，数字减影血管造影）的消耗类医疗器械，目前国产化率基本为零，我国每年进口需要数十亿元，目前普遍进口自美国和欧洲。我国在"十三五"期间加大研发投入，但是该部件生产涉及一系列的工艺、材料、设备等，可靠性成为关键指标，目前国外产品可达到 4 万 h 以上，但我国在工艺方面的积累严重不足，成品率低，距离规模化尚有差距。

在一些高性能医疗器械中，普遍存在着对基础性原材料、芯片、软件的进口依赖，如高性能的模数转换器[简称 A/D（analog to digital）转换器]等。这些都涉及基础工业的前沿技术，超出了医疗器械产业范围。目前这些材料等采购自美国、欧盟、日本等国家和地区。

4. 我国承压设备产业重要短板问题

我国承压设备基础发展的短板及"卡脖子"关键问题主要体现在以下方面。

1）基础科学问题

我国在承压设备设计制造基础理论方法方面的研究水平和投入较低，如风载荷、地震等动载荷的疲劳强度设计依赖于国外理论；纤维增强复合材料可变强度刚度设计方法，以及弹塑性、黏弹性和考虑损伤的分析设计方法，国内尚未实现自主构建。对于航空航天、深海探测等新兴产业领域，承压设备服役条件更加复杂化，其失效模式及机理尚未明确。另外，为了满足高效紧凑式换热器研发的需求，其涉及的微通道内非共沸混合工质、超临界工质的流动换热规律等需要开展深入研究。

2）基础材料

当前，国内镍基材料、超级奥氏体不锈钢、超级双相不锈钢、高温耐热钢、耐磨材料、特种材料管材等部分先进原材料基本上由国外生产商主导，如美国 SMC 公司生产的镍基 825，以及哈氏公司生产的哈氏合金 B3、C276 等。我国在材料基础性能数据的完整性、系统性和匹配性方面与国外有很大差距，包括高温持久/蠕变、疲劳、蠕变疲劳、低温断裂、腐蚀、腐蚀疲劳、环境疲劳等，尤其是长时数据极为匮乏。国产材料均匀性、一致性、稳定性、表面质量等性能与国外产品有一定差距，造成相关承压设备服役寿命过短。例如，我国现役煤电机组平均服役时间仅为 12 年，运行超过 30 年的煤电机组不足 1.1%。美国 75%的煤电机组、日本 50%的煤电机组服役时间均超过 30 年；美国、欧盟退役机组平均服役时间均超过 50 年。此外，国产先进焊材在与母材性能的等效性以及焊材的纯净度、稳定性和工艺稳健性等方面仍需要提高。例如，我国石化行业加氢装置采用最多的是日本神户制钢所、奥钢联伯乐焊接集团和法国萨福公司的配套焊接材料。

3）基础零部件

国内在承压设备用高端密封件产品的可靠性、低逸散性等方面与国外同类产品仍有差距，密封件性能试验技术落后，缺少密封件性能数据库；高温及温度/压力波动工况下用的密封件仍以国外产品为主；高压储运氢系统用的高硬度、高弹性、低压变、低渗透高性能橡胶密封材料及密封件目前需采用进口产品。

4）先进基础工艺

制造工艺过程对金属材料、复合材料等材料性能造成的残余影响，未能建立量化关系。国内超大尺寸筒（环）锻轧组合工艺、承压设备相关增材制造技术、焊接工艺性能等与国外相比仍有一定差距，存在性能稳定性较差、力学性能尤其韧性储备低等问题，如我国电弧与高能束复合焊接等先进焊接工艺仍落后于发达国家。

5）工业软件

目前，我国承压设备应力分析所用的有限元软件（ANSYS、Abaqus 等）、流动传热分析所用的 CFD（computational fluid dynamics，计算流体力学）软件（FLUENT、CFX 等）及工艺设计分析所用的流程模拟软件（Aspen Plus、HYSYS 等）均为国外产品，缺乏国内软件与之抗衡；部分国产软件在国外软件主导市场情况下，缺乏市场应用机会，无法进行技术迭代升级。当前我国承压设备产业是构筑在国外工业软件厂商提供的软件平台之上。

6）产业技术基础

我国高端检验检测技术装备仍受到国外“卡脖子”威胁，检测监测传感元件及控制器、材料/部件性能测试仪器、部件/装备型式试验装置对极端环境的耐受性，检测监测仪器装备的精度、服役寿命及可靠性、复杂结构适应性、智能化程度，与国外差距明显，我国甚至不能自主设计制造。此外，发达国家拥有大部分的专业软件行业标准，对我国高度封装技术黑箱、接口开放不足、强化知识产权保护等。

2.2.2　解决短板的重要政策建议

1. 空天海装备产业发展短板的政策建议

围绕空天海装备产业如新一代重型运载火箭、卫星、大飞机、海工等领域重大装备产业等能力提升，重点解决“卡脖子”问题，包括工作母机、增材制造等装备，打破行业壁垒，调动军转民、民参军，以产品配套能力、价值链和创新链为中心重构军民深入融合的产业安全体系，逐步实现社会化配套。

1）航空装备产业发展短板的政策建议

航空装备产业是知识密集型产业，需要多个领域协同攻关，才能产生较好的效果。同时航空产业的发展也会对其相关产业形成强有力的牵引和带动作用，进而促进国民经济的快速健康发展。

应围绕我国航空型号的发展需求，通过自主创新，突破系列航空装备关键技术，实现满足我国航空型号发展需求的系列产品，形成自主可控能力。

体系化布局航空发动机关键技术群，激发原始创新能力，加快大型民用涡扇发动机、涡喷发动机、组合动力发动机、超燃冲压发动机等新型发动机研制。着力攻克一批能够起到示范带动作用的重大“卡脖子”技术与装备，完成航空发动机方面对世界先进水平的追赶任务，不仅满足我国航空型号的需求，同时也成为世界航空装备市场中的重要竞争力量，超前布局跨代型号研制，实现“领跑”的跨越。

建议国家层面统筹技术领域，资源倾斜，补齐短板，构建我国自主可控的CAE、CAD、CAM 等工业软件体系，加快人才培养，助力我国航空装备产业均衡、快速发展。

2）航天装备产业发展短板的政策建议

我国航天装备产业应围绕航天战略发展需要，通过战略性科学计划和科学工程的部署，实现航天发射、卫星、空间探测等多方面技术的发展。建设全域感知、全球覆盖的卫星遥感系统，建设陆地、海洋、大气系列卫星，逐步形成高中低空间分辨率合理配置、多种观测手段优化组合的综合高效全球观测能力，建设随遇接入、高速互联的卫星通信系统，面向市场与行业应用，积极开发利用轨位和频率资源，提升我国在全球航天产业链、创新链、价值链中的地位，服务宽带中国、航天强国、“一带一路”等建设目标，推进国际传播能力建设。

建设全球连接、按需服务的卫星导航授时系统，进一步完善北斗全球卫星导航系统组网建设，使我国卫星导航系统整体性达到世界一流水平。着力发展卫星应用产业，建立民商衔接的空间信息服务体系。提高我国航天强国的地位，确保未来我国太空领域的安全。

3）海洋装备产业发展短板的政策建议

一是大力发展具有自主知识产权的海洋装备，提高海洋技术自主创新能力。

二是建立以信息化、服务化、智能化为主要特征，面向服务的海洋综合管理服务保障系统（智慧海洋），为海洋经济发展、国家海洋安全和海洋生态环境保护提供服务，同时逐步实现海洋信息服务的产业化。

三是发展海洋经济，在海底资源、海洋生物资源，以及海水和海洋能资源等方面形成全方位的勘查和开发能力，形成蓝色经济的支柱产业。

四是充分发挥国家战略牵引、集中力量办大事的优势，同时发挥市场力量和企业创新主体作用、统筹规划，开展海洋工程科技攻关，实现海洋探索利用技术的弯道超车和新跨越，使海洋新经济发展成为未来经济的重要支柱。

2. 智能制造装备产业发展短板的政策建议

围绕智能制造装备产业，实施产业基础再造工程，做好顶层设计，明确工程重点、分类组织实施，增强自主能力。

（1）针对我国高档数控机床面临市场化机制失灵的竞争形态，建议进一步创新协同机制，改变过去科技成果不能产业化，技术攻关成果很快流失的弊端，探索由领域重要用户（即业主）牵头的新型举国体制，实行“产学研用”联合体大平台协同攻关的新举国体制。瞄准新型号新装备开发采用的新结构、新材料、新工艺需求，在联合体内，按平台、团队安排长期任务，形成稳定长效机制，改进机构、人才、科技立项的指标和评价体系，保证科研人员聚精会神，潜心攻关。重点发展我国航空、航天、军工、核能动力、信息产品、新能源汽车等行业高端制造装备的自主可控和与时俱进的持续发展能力。

优化政策，促进重大专项研制产品市场推广应用。出台利用财政资金采购设备优先选购重大专项研制产品的政策，国资企业技改采购应优先使用国家科技成果、优先采购国产高端装备，或者确定一定比例对成果产品实现税费补贴。取消进口机床装备免税及贴息政策，利用财政资金采购进口设备实行审核审批制。完善首台套首批次应用保险补偿政策。在配套政策支持下，进一步巩固国产数控系统、功能部件和国产装备的配套能力。

（2）针对我国增材制造领域，在原始创新、前沿领域瞄准国际领先水平，后续应加大基础研究资金支持，完善资金管理和监督制度。加强技术研发扶持资金的精准化，依托以国家增材制造创新中心为代表的国家相关研究平台，完善“政产学研金用”创新体系，瞄准关键共性技术实施突破，解决关键材料和元器件进口替代，破解产业发展中的“短板”问题。

在增材制造高性能低成本的材料、工艺软件、装备开发、标准完善、市场推广应用方面，构建良好的产业生态体系。规划增材制造“一条龙”应用计划的国家财政支持计划，完善资助体系，带动产业关键核心技术的自主可控和产业链上下游配套，提升产业整体竞争力。

（3）提供产业基础应用的验证环境，推动产业基础领域产品质量提升，促进产业基础能力高级化。国家牵头金融机构设立产业基础再造专项资金或者研发后补助政策，鼓励企业组成联合体针对“卡脖子”器件进行协同研发。鉴于大部分国产核心元器件产品的性能暂时无法达到现有先进产品的要求，为应对“最极端的情况”，可由联合体牵头组织下游用户进行试验验证。逐步实现由刚开始的少部分产品在低端市场或者部分环节替代，到最终在中高端、核心器件取得突破，完成“备胎转正”计划。

3. 民生装备产业发展短板的政策建议

一是构建完善的民生装备产业技术创新体系。统筹创新战略、创新体系和创新能力建设，培育国家战略性科技力量，建立民生装备先进制造创新中心，搭建装备制造研发公共数据和资源共享平台。支持整机与零部件协同发展，培育具有国际竞争力骨干企业，打造专精特新中小企业，构建适应国情、立足产业、协同高效、支撑发展的产学研用深度融合的民生装备产业创新体系。重点建设技术研发、成果转化、融资担保、质量检测、信息咨询、人员培训、现代商贸物流等多种公共服务平台，形成由装备制造商、服务供应商、金融组织等相关机构组成的产业协作共同体，推动集群协同发展。

二是加强应用基础研究及科技基础工作。持续支持国家重点实验室、高校、科研院所围绕智能装备、智能制造、智能生产、智慧服务等趋势及需求，长期开展应用基础研究工作，提升原始创新能力和水平。支持高校、科研院所依托现有国家级平台构建行业研发、设计、检测、标准等产业基础数据平台，不断强化面向企业的研发设计、检验检测、标准和知识产权等科技基础服务能力。

三是战略性统筹谋划重大科技创新。瞄准面向2035年的产业科技变革需求以及技术发展趋势，围绕国家科技强国、制造强国等战略需求和产业急需，系统谋划中长期民生装备技术创新重大任务和路线图，战略性、持续性部署民生装备战略前沿、关键核心技术、“卡脖子”技术及重大智能装备创新，着力形成新一代智能民生装备技术、产品体系，掌握科技与产业竞争主动权、主导权，支撑产业转型升级高质量发展。

四是加大装备制造高端人才引进力度。建立起装备制造高端人才引进的绿色通道。

4. 承压设备产业发展短板的政策建议

1）设立重大承压设备制造科技创新专项

组建承压设备产业技术创新联盟，围绕行业“卡脖子”和短板问题加强高端承压设备技术研究。政府及有关部门应设立多种类型的科研或开发资助项目，增强对承压设备制造业等相关课题的支持力度。如设立重大承压设备制造科技创新专项，支持优势项目发展，扶持企业科技创新，推进产业化应用，打造重点装备制造集群。

2）建立承压设备共性技术研发机制，推动企业为主体的协同创新体系建设

发挥“转制院所”聚焦行业底层基础共性技术的平台作用，建设高端承压设

备设计制造与维护技术创新中心，持续加大科研投入，着力开展产业基础共性技术研究。制定大型企业为创新主体，联合高校、院所、中小企业的协同创新机制，集中力量开发高端承压设备的先进原材料及焊接材料、核心零部件、专业软件等产业基础产品（陈学东，2018a；Chen et al.，2019）。

3）建立承压设备相关基础研究投入激励机制

鼓励企业联合高校和科研院所梳理需要长期投入的承压设备重大科学和设计制造理论难题，并加大技术基础研究投入，避免盲目投入造成的资源浪费和分散，国家对此予以减免税收；对企业购置的技术基础研究仪器设备，加大直接补贴力度，减少企业自费负担；对企业自费部分，在资金上可给予贴息支持，在利润考核上允许折旧减半计入成本，或免于计入成本。鼓励社会以捐赠和建立基金等方式多渠道投入基础研究，落实科研经费“放管服”改革，赋予科研机构更大人事自主权，建立支持承压设备相关基础研究投入的激励机制。

4）完善政策扶持体系、推进应用示范

针对国产原材料、焊接材料、设计分析软件等重点产业基础产品，实施科学合理的购置补贴政策；鼓励市场在性能、价格、质量同等的情况下尽量向本地产品倾斜；鼓励设计院优先使用国产软件，通过与国外软件进行比较验证，逐步迭代、推广国产设计软件；制定鼓励主机企业采用首批国产关键零部件的优惠政策，给予配套国产的主机企业和最终用户相应的税收优惠和政策补贴；完善首台套产品保险补偿机制和补贴政策，解除使用国产基础产品的风险。

第 3 章 “十四五”高端装备制造产业发展重点

3.1 “十四五”发展思路

3.1.1 空天海装备产业“十四五”发展思路

1. 航空装备发展思路

应立足国内航空型号密集立项、批产型号加速状态下对航空装备的迫切需求，攻克一批能够起到示范带动作用的重大“卡脖子”技术与装备，突破航空装备中航空机载系统、飞行控制、结构/材料/制造、性能测试与验证装备、元器件、CAE/CAD 软件、通信导航、燃油/液压、电源系统等系列关键技术，以重点装备发展为主线，重点发展军用战斗机、大型运输机、大型客机、军用无人机等主流装备，兼顾小型低成本航空装备。支持一批有基础的行业创新企业、鼓励自主创新、培育行业领头羊企业。以航空高端装备的高附加值，吸引上游配套企业研发高端精密零部件，打通航空装备上游产业。建立航空主机厂和航空装备厂商的联动机制。在新型号立项和原有型号批产上加大装备投入支持，吸引社会资本进行上游产业配套能力建设，鼓励原有生产线的技术升级，培育航空装备的市场需求，培育航空装备产业链。全面满足我国航空装备自主可控发展的需求。

2. 航天装备发展思路

围绕航天战略发展需要，实现航天发射、卫星、空间探测等多方面技术的发展，立足重大航天任务的需要，解决航天装备的关键材料、核心元器件、制造技术、制造装备等方面的“卡脖子”问题，提高我国航天强国的地位，确保未来我国太空领域的安全。强化技术与装备创新，注重前沿创新、原始创新；加强基础工艺研究及批产制造能力；推动内部产业结构和组织模式变革，鼓励民用航天技术的发展。

航天装备发展应立足新一代中型运载火箭和重复使用航天运输系统、月球探测、火星环绕、小行星巡视、卫星导航通信、太空安全环境监测与治理等重大工程任务的需要，解决核心航天装备的关键原材料、元器件、制造技术、制造装备等方面的“卡脖子”问题；强化技术与装备创新，注重前沿创新、原始创新；加强基础工艺研究及批产制造能力；推动内部产业结构和组织模式变革，鼓励民用航天技术的发展。全面满足我国航天任务快速发展的需求。

天基装备发展建设的主要内容包括：建设全域感知、全球覆盖的卫星遥感系统，建设陆地、海洋、大气系列卫星，逐步形成高中低空间分辨率合理配置、多种观测手段优化组合的综合高效全球观测能力；建设随遇接入、高速互联的卫星通信系统，面向市场与行业应用，积极开发利用轨位和频率资源，服务宽带中国和全球化战略，推进国际传播能力建设；建设全球连接、按需服务的卫星导航授时系统，完成北斗全球卫星导航系统组网建设，实现区域向全球系统平稳过渡，我国卫星导航系统整体性能达到世界一流水平；促进空间科学取得原创性成果，研究发生在地球、日地空间、太阳系乃至整个宇宙的物理、化学和生命等自然现象及其规律的科学；着力发展卫星应用产业，建立民商衔接的空间信息服务体系。

3. 海洋装备发展思路

针对发展海洋经济、开发深远海资源及维护国家海洋权益的战略需求，重点发展海洋环境立体观测技术与装备、海底资源勘查与开发、海洋生物资源勘查与开发、海水和海洋能资源综合利用、海洋环境安全保障、海洋开发装备、极地船舶装备等领域。掌握产业发展的关键核心技术，解决海洋装备产业重要短板问题，增强海洋装备的开发能力，打造产业链生态体系，提升产业整体竞争力，以支撑海洋强国建设的战略目标。

在“十四五”期间，紧紧围绕“发展海洋经济，建设海洋强国”的国家战略任务，以科技创新为引擎，瞄准世界先进水平，依靠科技创新、发展模式创新和体制机制创新，确保海洋装备满足国民经济社会发展的重大需求和国际市场需求。以“绿色、智能、深海、极地”为着力点，依托重大工程与重大项目进行高端海洋装备产品的自主研发，加强共性基础技术和关键技术攻关，形成海洋装备自主设计、建造和工程总承包能力，大幅提升自主创新能力，从而全面提升我国海洋装备产业的发展层次、质量和效益，成为世界海洋装备领域的技术引领者、标准引领者和装备引领者。

3.1.2 智能制造装备产业“十四五”发展思路

我国正处于实现“两个一百年”奋斗目标的关键时期，基础工业体系逐渐夯实，重大科技创新成果不断涌现。高端装备各领域迈向高质量发展、国防军工领域自主可控、先进交通领域国产零部件替代进口等，对智能制造装备提出新的迫切需求。中美贸易战以来，西方国家不断通过“瓦森纳安排”“实体清单”等对我国高档数控机床实行产品禁运，国防军工等领域高端机床装备“卡脖子”问题依然突出，因此，其技术创新和产业发展任重道远。因此，在“十四五”期间，智能制造装备产业发展的思路是“抓重点、补短板、强基础、布前瞻”。

一是重点解决国产数控机床产业链上关键领域的“卡脖子”问题，补足高档数控系统、主轴/摆头/转台/丝杠/导轨/动力刀架等关键功能部件制造的短板问题；面向先进制造领域高质量发展需求，研发一批重点领域急需的高档工作母机装备，构建产业竞争比较优势。

二是抓住新一轮科技革命和产业变革的机遇，高度重视各工业领域的数控机床、生产线的智能化改造，提升数控机床的智能化水平。

三是引导和促进国产高档数控机床成套设备在下游用户数字化、网络化、智能化生产线的规模化验证和市场应用，进而推动国产高档数控机床为代表的工作母机装备系列产品国际市场竞争力不断提高。

四是围绕新一代航空发动机、新一代重型运载火箭、高新舰船和海洋装备、新一代电力装备等关键领域对制造装备的需求开展研发，这些新型号往往采用新材料、新结构和新工艺，与之相对的工艺装备难度高、投资大、批量小，在国家项目支持下预研新一代加工装备，解决未来“卡脖子”问题。

3.1.3 民生装备产业“十四五”发展思路

围绕战略性新兴产业的发展需求，以产业转型升级为主线，以提升自主可控能力和产业核心竞争力为目标，立足“智能、绿色、高效、安全”，统筹“补短板、攻核心、强智能”，加强重点应用基础、关键共性、战略前沿技术联合攻关，构建新一代智能民生装备技术、产品、服务体系，加快推进民生装备产业转型升级，实现民生装备产业自主可控发展。

1. 农业装备

牢固树立创新、协调、绿色、开放、共享的发展理念，走出一条中国特色农业机械化、智能化发展道路。围绕农业装备行业基础性、战略性、公益性的特点，充分调动各类市场主体积极性，发挥社会主义集中力量办大事的制度优势，建设国家农机装备创新发展体系，构建产业发展的新型举国体制。

围绕制造强国、乡村振兴等战略需求，以适应农业发展方式转变、提质增效需求为导向，以提升自主创新能力和产业核心竞争力为目标，聚焦弱项短板，集中力量，加强重点应用基础、关键共性、战略前沿技术联合攻关，确保关键核心技术自主可控。

推动新一代人工智能、信息通信等数字化、智能化先进技术与农机装备制造技术的深度融合，加快精量播种、高效施肥、精准施药、节水灌溉、大马力、高性能农机装备，以及适应小农生产、丘陵山区的中小型农机装备和机械化技术的研发示范推广，促进我国由农机制造大国向制造强国转变，显著提高农机装备有效供给能力，促进全程全面机械化发展。

2. 食品装备

全面提升食品装备制造技术开发与装备创制能力，显著提高食品装备自给率、自动化率、工程化能力和国际竞争力，支撑食品制造业转型升级和可持续发展。

一是加强食品装备优化设计与自动控制系统理论研究。重点加强新技术、新方法、新原理和新材料等基础领域研究，提升食品装备关键材料特性研究能力及装备数字设计、信息感知、仿真优化及自动控制等领域创新能力，加强食品关键装备创新和成套装备集成研究（张慧媛等，2015）。

二是加强食品关键重大装备研究开发。重点加强食品装备智能控制、节能加工、成形改性、快速检测、非热加工、新型杀菌、高效分离、生物制造和自动包装等先进制造共性关键技术研发；开发食品生产工业互联自动管理系统，重点开发节能挤压改性、低温快速压榨、高效节能干燥、连续蒸煮烤制、无损检测分选、无菌高速灌装及中央厨房等系列核心装备。

三是加强食品加工成套装备示范研究。重点加强成套化核心装备与集成技术开发研究，提升自主知识产权装备智能化、数字化、规模化、自动化、连续化、工程化水平；开展高效处理、品质检测、在线监控、远程诊断和网络管理等装备制造研究，开发智能绿色食品制造系统设备、成套工程装备、环保型绿色包装材料与智能化包装机械；重点提升粮油、果蔬、薯类、畜（禽）产品、水产品综合加工及中华传统食品工业化专用型关键装备等集成与成套装备开发能力，系统开展超高压处理等新型杀菌、节能干燥和高速包装等核心装备研制。

3. 纺织装备

近年来，随着我国劳动力成本持续上升、制造业低成本优势逐步消失，东南亚国家的劳动力优势愈渐凸显、国际贸易形势更加优越，我国纺织行业部分低附加值业务向以东南亚为主的国家转移。美国对华遏制战略进一步升级，在经贸、投资、金融等重要领域展开全面竞争，进一步加速了我国纺织产业的转移，并有要求纺织服装全产业链转移的趋势。同时，国内将绿色发展作为推动我国经济可持续发展的重要理念，全面推动绿色制造。

因此，未来我国纺织产业需进行结构调整升级，一是要推动产业用纺织品装备的发展，加大纺织新材料的研发及在相关产业中的应用，提高纺织行业中的产业用领域的占比，优化我国纺织产业结构，同时推动我国传统纺织向战略性新兴产业转移，扩展我国纺织产业的发展空间；二是要大力发展纺织智能装备，聚焦中高端产品，以质量、效率提升化解其他发展中国家的综合成本低的优势，同时提高生产附加值；三是要大力发展纺织绿色生产装备，加大材料可再生、循环利用、节能减排等方面投入，推动我国纺织生产对资源环境更加安全友好，为我国的碳达峰、碳中和贡献出新的力量。

4. 医疗装备

充分发挥我国超大规模市场优势，鼓励创新机制，探索推动精密微机电产品、信息技术、医疗卫生、生物技术、生命科学等跨界融合创新机制，促进医工交叉协同发展。培育新型医疗健康服务体系，向大数据和人工智能要效益，培育产业发展新生态。推进医疗装备产业基础高级化、产业链现代化，为快速有效应对突发公共卫生事件、保障人民生命健康提供有力支撑。

3.1.4 承压设备产业“十四五”发展思路

围绕《中华人民共和国国民经济和社会发展第十四个五年规划和2035年远景目标纲要》，深入实施制造强国战略，落实碳达峰、碳中和重大决策部署，按照“总体规划、分步实施、重点突破、全面推进”的要求，明确具体目标、发展方向和重点任务，兼顾长远、协同创新，分类分步组织实施。

（1）全面部署、有计划有组织地推进实现承压设备的正向设计，加强基础研究投入、突破制约发展的关键共性技术，夯实工业基础。

（2）抓住一批短板及“卡脖子”问题，统一规划财政资金，集中力量进行攻关，补齐承压设备产业链的缺失环节和薄弱环节，实现核心装备与系统的自主研发和高端引领。

（3）大力推进新装备、新材料、新技术的研发应用，促进承压设备产品全寿命周期的绿色化。

（4）深度融合现代传感、工业物联网、大数据、云计算、人工智能等新一代信息技术，推进实现承压设备制造过程的智能化，促进我国承压设备产业转型升级。

（5）结合国家产业布局战略，逐步细化不同类型承压设备制造产业的错位发展和布局规划，促进承压设备产业集群的发展。

3.2 “十四五”重点方向及发展策略

3.2.1 空天海装备产业“十四五”重点方向及发展策略

1. 航空装备产业重点发展方向及策略

发展大型客机、军用战斗机、大型运输机、支线飞机等主流装备以及航空发动机系列装备，兼顾无人机、小型低成本航空装备。同时将航空材料、先进制造、机电航电等配套产业作为航空领域的支柱产业，逐步建立具有可持续发展能力的航空产业体系。

（1）大型客机。根据我国城市布局特点，提供具有国际竞争力的干线飞机，并逐步形成系列化和规模化生产能力，将成为大型客机的发展重点。

（2）军用战斗机。我国对军用战斗机的需求特别是高品质战斗机的需求将逐渐增加，第五代战斗机、第六代战斗机等新型战机将逐渐成为发展主流。

（3）无人机。无人机将在农业、安全、战争、日常生活中向低成本、高效率、环境的广谱适应的方向发展。智能无人技术正在突破和进入验证。低成本智能无人机及制导导弹的蜂群作战是未来战争发展的模式，集渗透侦察、诱骗干扰、察打一体、协同作战、集群攻击等特点于一身，可实现低成本打击摧毁高值装备，或者快速消耗高值防御系统；未来侦察无人机将向大型化、隐身及高空长航时发展，利用太阳能或者核动力提供动力支持，可实现几个月乃至几年的高空运行。攻击无人机及制导导弹将向高速化、微型化和智能化发展，采用 3D 打印的作战单体的尺寸将小于 5cm，难以识别及拦截，采用蜂群技术可实现上千作战单体的自主运行及饱和精确打击。

（4）支线飞机。加快涡扇支线飞机研制，形成产业化能力，实现批量交付将是最近一段时间支线飞机的主要任务。同时，根据不同的用户需求进行差异化经营，改进标准型飞机，提供定制化服务，如开发加长型、豪华型、货运型、公务型等飞机，适时启动新型支线飞机研制。

（5）通用飞机和直升机。大力发展通用航空和直升机，鼓励民营资本进入 6 座以下轻型通用飞机和 2t 以下直升机的研制领域。充分利用民间资本，撬动我国航空装备的升级换代，并带动产业链发展。

（6）航空发动机。航空发动机的水平高低直接决定了航空装备整体水平的优劣。加快大涵道比涡扇发动机、高性能涡喷发动机、高性能涡桨发动机、亚燃冲压发动机、超燃冲压发动机等新型发动机研制，为我国新型战机和大型民机提供强劲动力，实时带动发动机周边产业发展。

（7）航空设备。航空产业具有典型的多领域集成特征。在航空机载系统、飞行控制、结构/材料/制造、性能测试与验证装备、元器件、CAE/CAD 软件、通信导航、燃油/液压、电源系统等方面，面向不同层次需求，完善产业配套能力，打造产业集群。

2. 航天装备产业重点发展方向及策略

在继续实施好载人航天、月球探测、北斗导航卫星系统、高分辨率对地观测系统等国家重大科技专项的同时，立足未来航天制高点技术发展，加快深空探测、重型运载、在轨维护与服务、可重复使用、天地一体化信息网络、载人登月、无人值守月球基地、有人值守月球基地、载人登火等重大专项的深化论证和关键技术预研工作，启动一批新的航天重大工程，牵引带动我国航天的发展。其中，深空探测工程将重点开展火星探测、小行星探测、木星系及行星穿越探测等，目前首次火星探测工程已正式启动，将实现火星环绕和着陆巡视探测；天地一体化信息网络专项将推进天基信息网、未来互联网、移动通信网的全面融合，形成覆盖全球的天地一体化信息网络；空间飞行器在轨服务与维护系统将重点突破在轨服务维护技术，提高空间资产使用效益，保障航天器在轨安全可靠运行。

进一步完善运载火箭谱系。注重提升现役运载火箭型号的性能与性价比。积极发展下一代重型运载火箭，研发可重复运载火箭将成为航天装备产业发展的重点方向之一。

统筹空间系统、地面系统。一体化构建卫星遥感、通信广播和导航定位系统，建设全域感知、全球覆盖的卫星遥感系统、通信系统和导航系统，发展卫星应用产业，建立军民商衔接的空间信息服务体系。扩大基于空间技术的数字化综合应用，带动空间生物、空间医药、材料制造等产业发展，促进空间技术、空间信息与各行业应用深度融合，积极打造“航天+”产业形态。

推动新领域创新研究，抢占科技先机。顶层规划和布局太空原位制造，着眼于下一步支持宇航器、空间站及卫星的在轨制造和维修，大型空间装置制造及在轨组装，以及未来载人登月等长远发展规划布局，同时开辟新的制造理论与人类新的制造基地。

落实国家军民融合发展战略，以军民融合发展需求为牵引，提升航天装备发展的灵活程度。搭建军民融合创新发展平台和卫星数据应用研究中心，大力推进航天技术投资、推广和转化应用，使更多的先进航天技术为国民经济建设和社会发展服务，促进技术创新与产业发展深度融合，更好地发挥航天产业对其他产业和技术发展的辐射牵引作用。鼓励民营资本参与航天产业发展，集聚全社会优势创新资源，激发产业创新活力。

制定相关政策，大力推进民营企业、商业投资机构、金融保险类机构等参与商业航天发展。逐步引导民间资本参与国家民用空间基础设施建设及产业化应用，形成政府投资为主体、民间投资为补充的航天发展新格局，进一步增强航天发展活力。建立非涉密项目公开招标制度，制定实施细则，积极引导社会力量参与航天装备科研生产和维修服务，进一步推动系统、分系统、单机、零部件配套等向社会开放。完善航天科研生产准入制度和退出机制。完善相关机制，推动商业保险参与航天活动，降低民间资本参与商业航天活动的风险。

3. 海洋装备产业重点发展方向及策略

提升海洋装备产业信息化、智能化水平。开发具有世界领先水平的智能船舶；开发支持远航能力的核动力装置，推进传统配套设备智能化升级；加快动态感知、远程操控等智能技术和新型智能装备在船舶领域应用；加强船舶制造的数字化普及和智能化示范，切实提高船舶产品质量和生产效率。

提高海洋油气开发装备和高技术船舶研发能力。重点掌握主力钻井装备、生产装备及海工辅助船舶设计建造技术，提升具有较好基础的海洋装备自主化水平；形成勘探、开采、加工、储运等关键装备较为完善的研发、设计、建造技术体系；推动新能源、新材料技术应用，丰富高技术船舶的产品种类，形成清洁能源船舶、极地船舶、特种工程船等一批技术指标先进、竞争力强的特色产品和品牌船型，推动产品结构向中高端转变。

布局新型海洋资源开发装备。开发可燃冰、海洋矿产资源的钻探与试开采装备，支撑海洋新型能源的商业化开采；研制深远海工业化养殖平台（船）、海洋牧场工程智能装备。加快构建涵盖基础研究储备、关键技术突破、核心产品示范应用的新型海洋资源开发创新格局，形成在海洋资源开发的全球竞争能力。

加快推进配套产品的技术升级。构建船用减速机自主创新能力，大幅提升船用中高速柴油机品质和品牌效应，推动电力推进系统、节能环保设备等关键动力装置研发与应用；构建甲板机械、舱室机械、水下生产系统等船舶机电设备和海洋装备关键系统研制能力。加快推进“冰区”战略新领域体系化布局，围绕提升破冰能力、开发极地资源和研制环境探测装备，开展典型装备的系统性研究，牵引共性技术的研究和应用，基本形成我国中高冰级装备自主研发能力。

完善海洋环境立体观测装备与技术体系。围绕我国海洋自然（生态与灾害）环境、资源开发与维权保障等国家重大海洋安全需求，重点突破海洋耐腐蚀材料、异质模块组集和传感集成、海洋大数据应用等瓶颈问题，重点研制自主传感器、深远海和海底观测平台、立体观测组网等智能海洋环境观（监）测装备，构建立体观（监）测与预警预报系统，提高核心装备的国产化水平。

1）智能

加快推进新一代信息技术与制造技术融合发展，推动互联网与制造业融合，打造海洋装备产业智能化发展的新业态；大力发展智能制造，以智能船厂为发展方向，提升制造业数字化、网络化、智能化水平；整合产品全生命周期数据，形成面向组织生产全过程的决策服务信息，实现从“制造”向“制造+服务”的转型升级。“十四五”期间软硬两手抓，硬件方面应大幅提高关键工艺装备的数控化率，并积极研发各类工业机器人；软件方面则要加快构建由5G、云计算、物联网、大数据支持的网络化协同制造平台，促进海洋装备企业通过互联网与产业链各个环节紧密协同，实现生产、质量控制、物流和运营管理系统的全面互联互通。

2）绿色

围绕绿色海洋装备制造体系，大力支持高效节能环保新工艺和新装备，如绿色涂装、低烟尘高效焊接、精密切割等技术；减少废弃物和污染物的产生，实现清洁生产；推进传统设备以节能降耗为重点的技术创新和技术改进，如空压机节能化改造，照明系统升级换代；开发资源回收利用技术，如中水回收利用、废热回收利用等；要引入新一代信息技术和构建节能减排数据库，来掌控资源和能源的消耗状态，最终形成“互联网+”的绿色海洋装备体系。

3）极地

南、北极在战略、经济、科研、环保、航道、资源等方面的价值和国际关注度不断提升，极地是中国战略空间的重要拓展和延续方向，针对极地船舶和海洋装备开展研发建造，进一步加强极地科研攻关，深度参与极地开发，是保障和维护我国极地海洋权益、参与北极事务的重要方向之一。

4）深海

深海装备与技术是海洋技术的制高点和最前沿。新一轮的深海科技竞赛已经启动，深水、安全、无人和多智能体的高技术海洋装备受到海洋科技界的推崇。深海是我国发展海洋装备无法回避的方向和必然选择。我国对深海的认识、开发和利用虽然起步晚，但是进展快、后劲大，应该抓住当前的有利时机，抢占开发的制高点，在深海安全保障装备、深海资源开发装备、深海科学研究装备等能力上达到世界先进水平。

3.2.2 智能制造装备产业“十四五”重点方向及发展策略

未来5～10年，我国智能制造装备产业发展重点是突破产业链薄弱环节，实现产业链自主可控，保障产业链安全。“十四五”重点发展方向如下。

1. 航空、航天和航空发动机制造工艺装备

在宇航及深空探测制造装备方面，解决新一代中型、大型运载火箭量产对成套装备的急需，突破飞行器大型构件和复杂构件批量高效精密制造的技术瓶颈，满足深空探测飞行器对复杂构件轻量化、结构功能一体化的重大需求。

在大型飞机制造装备方面，突破大尺寸机身壁板、蒙皮、大型框梁肋零部件、大尺寸碳纤维复合材料以及异性材料叠层的航空构件高速切削、增减材复合、大部件高精度互换性制造以及精密装配等技术问题及装备，实现航空装备的高性能、高精度、高效率、低成本制造。

在航空发动机制造装备方面，产业化推广专项支持研制的发动机典型部件制造的国产化装备，突破航空发动机整体叶盘、轴、叶片、薄壁机匣、燃烧室等核心关键零部件高温合金、高强度合金、复合材料、工程陶瓷材料的集成设计制造、高效和高精制造技术瓶颈及装备，解决进口依赖问题。

2. 新型舰船及深海探测制造工艺装备

继续完善船舶及海工大型柴油机缸体、曲轴、齿轮和船用燃气轮机叶片、涡轮轴、叶盘等先进成套技术装备。突破大型舰船关键部件制造、大型船用螺旋桨推进器整机加工装备、新型潜艇动力装置与推进系统核心零部件制造装备、深海焊接/探测及深海工作站制造装备等技术，推进舰船增材制造现场维修成套装备发展，实现关键装备自主可控。

3. 轨道交通车辆和新能源汽车关键零部件加工

针对动车组车体、客车车体等大型复杂型面加工需求，研制智能磨抛系统和柔性打磨工具；针对转向架、变速箱、轮对等关键零组件制造需求，开发专用高效加工成套装备及生产线。针对最新研发的时速 400km/h 高速动车组和时速 600km/h 磁悬浮列车核心零部件制造，开发包含五轴数控加工、高功率激光精密焊接、自动钻铆等高端机床的成套装备及生产线。

同时，重点开发新能源汽车变速箱高效加工、近净成形装备及成组工艺生产线，研制高效加工与成形、在线检测与装配成套装备及生产线。

4. 国家重点领域急需的超精密加工装备

超精密机床是实现超精密加工的基础与核心，在军民高端制造领域均发挥着至关重要的作用。面向新一代惯性仪表制造、高精度光学器件、卫星姿控系统、多目标红外探测及高精度智能导引等领域急需，集中优势力量快速突破超精密加

工机床技术瓶颈，推动超精密制造领域相关基础理论、测量技术、超精密机床制造技术、在线测量与智能控制技术的重大发展。探索形成超精密加工及高端机床自主研发的高效创新模式。

5. 先进制造技术及智能制造系统

增材制造、增减材复合制造等先进制造技术与工艺装备，支撑高端装备的研发迭代，缩短差距，加快发展，是大变局下的战略需求。开展高档数控系统核心算法、新一代数控系统研发，推动基于国产数控系统及智能软件的制造装备走向智能化，是我国高端装备制造产业发展的新机遇。

3.2.3　民生装备产业“十四五”重点方向及发展策略

1. 农业装备

立足“智能、绿色、高效、安全”，统筹“补短板、攻核心、强智能”，准确把握当前农业装备与农业机械化发展面临的精细生产、装备智能、高效绿色机械化等重大科技问题，以关键核心技术、重大装备及系统为突破口和主攻方向，推进新一代智能农业装备科技创新，引领推进农机化和农机装备产业转型升级，提升自主创新能力和产业核心竞争力，发展自主可控农业装备产业。

一是加强关键核心技术攻关，提升自主创新能力和水平。加强土壤、动植物及环境感知和调控基础理论、战略前沿与关键核心技术研究，研究动植物生理、生长、环境信息感知模型、算法、技术、材料、元器件，研究种、水、肥、药、光、热等精准精量调控和精细饲喂技术及系统，研究构建动植物全生命周期“实时感知、智能控制、精准作业、智慧服务”技术体系，推进实现农业生产由群体向个体、总量向变量调控的智能精细生产转变。

二是发展高水平的智能农业装备，增强产业核心竞争力。深度融合新一代信息、人工智能、物联网、大数据等技术，重点发展重型智能及新能源拖拉机、耕种管收高效智能田间作业装备、工厂化种养智能装备与设施、农产品加工智能装备、农业机器人等，发展农业装备智能操作系统、农业智能生产决策系统、农业知识智能服务系统等，提升整机及零部件智能设计、验证、制造、检测、试验技术水平，实现农艺、装备与制造、生物、信息等智能融合，构建新一代智能农业装备技术、产品、服务体系。

三是发展高效智能农业，培育产业发展新模式、新业态。以高效绿色发展为核心，研发集成适合不同种植制度、种植规模的高效机械化、智能化生产技术及装备，突破薄弱环节生产技术装备瓶颈，形成可推广、可复制的高效生产模式，构建高效生态种养系统；针对山地丘陵、深泥脚水田等需求，研究轻简化机械化生产技术装备，形成区域适应性的全程机械化生产模式；系统集成智能化的水、肥、种、药施用与收获等装备，形成适合于种养生产信息化、智能化整体解决方案，发展无人农场、智慧果园、智慧渔场、植物工厂、智慧牧场等新业态农业、养殖业、渔业，推进现代农业全程全面机械化、智能化发展。

2. 食品装备

全球食品产业正在发生深刻变化，科技创新驱动食品产业向全营养、高科技和智能化方向快速发展，具体表现为，装备技术更新迭代速度加快，智能低碳制造更趋多元，产品市场日新月异更趋丰富。当前，我国食品工业在资源综合利用、高效转化、智能控制、工程优化、清洁生产和技术标准等方面较发达国家相对落后，特别是食品加工过程中能耗、水耗、物耗、排放及环境污染等问题尤为突出。深入研究与集成开发食品绿色加工及低碳制造技术，提升产业整体技术水平，推动食品生产方式根本转变，实现转型升级和可持续发展迫切需要科技创新。

一是开展智能控制、节能加工、成形改性、快速检测、非热加工、新型杀菌、高效分离、生物制造和自动包装等先进制造共性关键及重大技术装备研发；开发食品生产网络化自动管理系统，创制节能挤压改性、低温快速压榨、高效节能干燥、连续蒸煮烤制、无损检测分选、无菌高速灌装及中央厨房等系列核心设备。

二是开展食品工业数字化管控装备、整线机器人应用、整线智能供应链系统、节能环保智能控制系统、全生命周期制造物联系统、食品安全在线管控装备、食品安全全流程追溯系统等成套食品装备研发；开展高效处理、品质检测、在线监控、远程诊断和网络管理等装备制造研究，开发智能绿色食品制造系统设备、成套工程装备、环保型绿色包装材料与智能化包装机械。

3. 纺织装备

针对近年来我国纺织产业加速转移的趋势，在"十四五"期间，我国纺织装备产业应聚焦国际先进水平的战略定位，突破传统工业思维，坚持"需求引导、基础支撑、重点突破、加快过渡、智能转型"的原则，推动纺织全产业向智能制造转型，促进我国纺织产业加快走向生态、绿色、低碳、高端。

一是要推动产业用纺织品装备的发展。加大纺织新材料的研发及在相关产业中的应用，提高纺织行业中的产业用领域的占比，优化我国纺织产业结构，推动我国传统纺织向战略性新兴产业转移，扩展我国纺织产业的发展空间。

二是要大力发展纺织智能装备。聚焦中高端产品，以质量、效率提升化解其他发展中国家的综合成本低的优势，同时提高生产附加值。

三是要大力发展纺织绿色生产装备。加大材料可再生、循环利用、节能减排等方面投入，推动我国纺织生产对资源环境更加安全友好，为我国的碳达峰、碳中和贡献出新的力量。

4. 医疗装备

未来五年，我国医疗装备产业重点发展诊断检验装备、治疗装备、监护与生命支持装备、中医诊疗装备、妇幼健康装备、保健康复装备和植介入医疗器械等七大领域的高性能医疗装备。其中，诊断检验装备包括高端影像诊断装备、高端细胞分析装备、高性能生化分析装备、免疫分析仪、质谱分析设备，以及面向重大疾病诊断的即时检验（point-of-care testing，POCT）装备；治疗装备包括各类放射治疗装备、智能手术机器人等；植介入医疗器械包括植入式心脏起搏装备、神经刺激装备、血管支架、骨科植入、口腔种植等。

健康大数据对国家具有极高的战略价值，做好前期布局对健康产业的未来发展、数字主权具有重要意义。人工智能与医疗装备的结合已经在临床展示出良好的应用前景，对产业而言孕育着巨大的商机，发展人工智能辅助诊疗将有利于产业抢占未来的制高点。可穿戴设备是大健康产业发展带来的新机遇，布局这一产品领域，将在未来占据主动，提升健康大数据管理和挖掘能力，支持人工智能辅助诊疗的发展。

3.2.4 承压设备产业“十四五”重点方向及发展策略

围绕国家需求，承压设备行业要在重大科学问题、工业强基、高端制造、绿色制造、智能制造等方面加强谋划和创新，打破国外“卡脖子”封锁，补齐行业短板和不足，推动产业迈向中高端。

1. 重大科学问题方面

1）常温高压氢环境下氢原子形成及其对金属材料侵入机制

针对氢气安全、高效储运重大需求，开展高压/超高压储氢容器挂片试验、现代原位观测及多尺度仿真计算等技术研究，探明常温高压气态氢环境原子氢的形成及其对金属材料的侵入机制，提出抗氢脆金属材料成分设计与组织性能调控方法，合理确定钢质高压储氢容器设计准则，优化储氢容器关键制造工艺，为开发50MPa以上大容积单层钢质储氢容器提供重要基础支撑。

2）万米深海外压容器失效破坏机制及其预防控制方法

针对万米深海探测器、深海空间站设计建造及运行维护重大需求，研究结构-环境-应力多因素共同作用下钛合金外压容器失效破坏的宏微观机制，包括多维压应力下的脆性断裂失效、周期性下潜的外压低周疲劳失效、水下长期停留的外压蠕变失效等，提出失效临界判据，建立基于寿命的强度设计理论与方法，保障深海外压容器服役安全。

3）极端尺度、特殊工质、微重力场等苛刻条件下高紧凑度换热器设计方法

针对第四代先进核电、太阳能光热发电、深空探测器核电推进、高超声速飞行器发动机强预冷等重大需求，开展微细复杂通道、微重力场、极高换热速率等苛刻条件下超临界二氧化碳、超临界氦、氦-氙混合工质、非共沸混合工质等特殊工质传热规律试验与仿真研究，建立热力与机械协同设计理论方法，支撑印刷电路板式换热器（printed circuit heat exchanger，PCHE）、毛细管换热器等高紧凑度换热器设计开发。

2. 工业强基工程方面

推进工业强基工程，在压力容器基础材料、基础零部件、基础制造工艺等方面取得创新，夯实工业发展基础，提升产业核心竞争力。

1）承压设备关键基础材料

研发标准抗拉强度≥690MPa 的−20℃和−50℃调质高强度钢板，标准抗拉强度≥780MPa 的−40℃调质高强度钢板，标准抗拉强度≥630MPa 的−40℃用正火型钢板，用于移动罐车、罐箱的建造，以及−70℃高强度钢 11MnNiMoDR、−60℃高强度正火型钢 13MnNiDR，加氢站用高压储氢容器用高强度钢，S31252、S32652、S34553 等超级奥氏体不锈钢，S25554、S25073、S27603 等超级双相不锈钢和 S13091 超级铁素体不锈钢，以及各类钢材配套焊接材料。开发高强度全结合双金属复合板、易加工高耐磨与高强高塑煤机用钢、复杂环境及复合载荷油气（页岩气）钻采储运用钢等新型材料，以及配套焊接材料等。

2）极端工况用密封件产品及试验技术

开展基于泄漏率控制的密封技术研究，提高密封原件质量，减轻污染、确保安全。开发耐高温及压力/温度波动工况用高性能密封材料及密封件，开展密封件产品性能试验方法研究，研制极端工况密封件性能试验装置，建立密封件性能数据库，提升国产密封件产品质量及可靠性；开展高硬度、高弹性、低压变、低渗透高性能橡胶密封材料改性技术研究，开发出氢能储运承压设备密封件产品。

3）制造工艺设计方法及先进制造技术

开展制造工艺过程对金属材料、复合材料等材料性能的残余影响研究，量化工艺影响因素与材料性能之间的关系，建立工艺与装备协同设计准则与方法；在制坯、除磷、筒节轧制等工艺方面进行攻关，开发超大尺寸筒（环）锻轧组合工艺，制造直径 7500mm 以上的特大筒节，并研究相关焊接热处理工艺。

4）高端装备设计分析及成套设计软件开发

开发承压设备具有自主知识产权的国产压力容器制图软件 CAD/CAM、RBD（risk-based design，基于风险的设计）等设计制造软件、应力分析用有限元软件（对标 ANSYS、Abaqus 等）、流动传热分析用 CFD 软件（对标 FLUENT、CFX 等）、三维制图软件（对标 UG、Pro/E 等）、工艺设计分析用流程模拟软件（对标 Aspen Plus、HYSYS 等）及相关在役维护专业软件。

5）基于风险的承压设备设计制造运维一体化云服务平台

针对承压设备全生命周期风险多因素关联难识别、设计制造与运维阶段风险控制难协同等问题，研究承压设备设计制造与运维一体化智能云服务模式和平台架构；研究基于风险的智能化设计制造与运维数字孪生技术；研究跨阶段跨软件创成式设计方法和多源数据融合共享技术，支持实现风险评估、结构设计、强度计算、流场分析、安全评估与剩余寿命预测等计算工具的异构集成；构建材料、设计、制造、运维底层支持知识库，开发承压类特种设备设计/制造/运维一体化智能云服务平台。

6）极端工况模拟试验平台及测试仪器

面向石油化工、先进核电、新能源汽车、航空航天、海洋工程等领域，建设高温、高压、低温、深冷、复杂介质腐蚀等极端工况多参数综合模拟技术研究及试验平台，开发极端环境下传感元件及控制器、材料/部件性能测试仪器、部件/装备型式试验装置，为首台（套）重大装备产业化工程应用提供测试平台，提升我国产业基础能力。

7）极端压力容器缺陷检测及评价技术开发

探明极端条件压力容器宏微观服役性能演变规律，不断丰富压力容器失效模式、损伤机理及寿命数据库，开发高温、超高压、深冷、复杂腐蚀等极端条件下压力容器缺陷检验检测与临界失效预测早期预警技术、系统工程风险评估技术，进一步完善我国压力容器检测监测、诊断评估技术方法和规范标准体系。

3. 高端技术装备方面

为了满足我国石化、深海工程、航空航天等产业发展需求，需要开发的高端装备与技术具体如下。

1）石化领域重大承压设备设计制造技术

开发石油化工领域重大承压设备。①油气勘探装备：研制含酸天然气压力容器，以及页岩油气和煤层气开发用相关承压设备等装备。②油气储运装备：开发高压大流量储气库相关承压设备；针对液化天然气（LNG），主要开发 LNG 液化主低温换热器（35 000m^2）、船舶 LNG 储存装备及相关配件等装备。③炼油装备：针对单系列 2000 万 t/a 常减压、600 万 t/a 催化裂化、400 万 t/a 加氢裂化、300 万

t/a 连续重整等大型炼油装置，开展加氢裂化、渣油加氢大型加氢反应器、连续重整 15 000m^2 及以上板壳式换热器、20 000m^2 及以上缠绕管式重整进料换热器、气体分馏复合蒸发式空冷器等关键装备研制。④乙烯及深加工装备：开发 30 万 t/a 裂解炉、急冷锅炉、超大型低温乙烯冷箱（高压板翅式换热器，最高压力 10MPa），45 万 t/a 低密度聚乙烯承压设备（100～350MPa 超高压管式和≥310MPa 釜式反应器、循环气冷却器等）等装备。⑤大型煤化工和化肥装置：单系列 100 万 t/a 煤间接制油、75～120t/a 大化肥等装置中相关承压设备。

2）深海工程领域 3500m 载人深海空间站和 11 000m 无人探测器大型钛合金结构

针对载人深海空间站和万米深海无人探测器由高强度钛合金制成的耐压壳体设计制造需求，开展外压模拟容器超厚锻件脆性断裂机理及强韧性匹配技术、耐压壳体极限承载能力评估与控制、耐压结构屈曲失效规律及临界判据研究，分析耐压壳体低周疲劳、室温蠕变失效机制，建立钛合金耐压结构焊接及残余应力调控技术；开发深海油气勘探领域的深海空间站及深海无人探测器用超高压外压容器（压力等级为−100MPa）。

3）电子信息领域第三代半导体氮化镓人工晶体反应釜

半导体和光电等产业急需 4～6in[①]GaN 单晶衬底制备技术，其核心设备为高温超高压反应釜，设计温度高达 650℃，设计压力高达 150MPa，介质为强腐蚀性，且反应釜频繁开启；高温蠕变、疲劳和密封失效是反应釜主要的潜在失效模式。亟须攻克高温高压反应釜镍基高温合金材料开发、高温结构蠕变疲劳交互作用强度设计、贵金属衬里与密封结构设计制造等关键技术，形成一套高温、超高压、强腐蚀环境下压力容器设计制造技术方法，研制出大直径高温超高压反应釜，填补国内该领域空白，推动我国大尺寸、高质量第三代半导体单晶衬底的规模化量产。

4）轨道交通领域高速飞行列车高可靠真空管道及散热技术

高速飞行列车利用低真空管道大幅减小空气阻力和噪声，实现飞行列车目标时速 1000～2000km/h 的“近地飞行”。需要开发真空管道技术，解决大型异形金属管道及管件在复杂外载荷下的结构完整性问题，研发真空管道系统及配套装备；研究磁致热、气动热、活塞热等多种耦合发热问题，开发真空管道高效散热系统。

5）航空航天领域重载火箭压力容器重复使用技术

面向我国运载火箭未来向“可重复使用领域”发展的重大需求，考虑火箭在返回着陆过程中飞行环境复杂且存在较多随机性的扰动因素，满足返场后短时间内对箭体状态进行检测与维修的要求，需要开展适应运载火箭重复发射和返回过程中压力容器的失效模式与机理识别、设计制造及检验检测技术研究，开发压力容

① 1in=2.54cm。

器剩余寿命评估和无拆卸快速检测维修技术，实现重载火箭压力容器的重复使用。

6）深空探测领域空间高效布雷顿热电转换技术

面向深空探测重大战略需求，开展 MWe 级高效热电转换装置系统运行参数和系统布局研究，开发压气机-透平-发电机组设计技术与样机、惰性气体微通道回热器及预冷器设计技术与样机，提出高性能动态匹配的闭式循环系统调控方法及运行保护策略，促进 MW 级空间核电推进技术发展。

4. 绿色工艺装备方面

面向国家碳达峰、碳中和决策部署，考虑承压设备产品全寿命周期环境影响和资源效益，开发绿色制造技术，缓解环境资源约束，满足可持续发展需求。

1）储氢、输氢承压设备设计制造技术

针对氢能安全高效储运产业化应用瓶颈难题，开发高压气态、低温液态、带压固态、深冷-高压复合、高压-固态复合、有机液体等多种储氢技术；开发高压氢公路运输、液氢公路/铁路/水路运输、纯氢/掺氢管道输送、有机液体、带压固态等多种输氢技术；研制复材/异形液氢储罐、深冷-高压复合储氢罐、V 型瓶等核心储运装备。

2）浮式 LNG 装置微通道换热器技术

开展高紧凑度、复杂结构、极高换热速率等特殊条件下高效换热原理、强化传热设计理论研究。研究微通道内非共沸混合工质、超临界工质的流动换热规律，建立流动与传热计算关联式、流体传热与流动规律；研究非对称型微通道结构的热力与机械协同设计原理等。开发适用于浮式 LNG 装置的微通道换热器，代替螺旋折流板换热器，传热效率可提高 60%，节省占用空间面积。

3）超临界二氧化碳太阳能热发电技术

超临界二氧化碳布雷顿循环的热电转化效率超过 50%，相比朗肯循环（35%）转化效率有很大提升，是推动清洁能源利用的重要途径。研究聚光-集热-储热-发电系统关键器件失效模式与损伤机理，建立超临界流体高效热量传递与热功转换机理及设计理论，开发高性能储热介质与高效传热设备，建立原理样机与循环系统验证平台，最终成功研制太阳能吸热器、熔盐储罐、熔盐换热器、高/低温回热器等核心关键承压设备。

4）换热器能效评价与提升技术

目前，我国拥有热交换器 300 余万台，具有量大面广、节能潜力大的特点，而国内外尚未提出热交换器的能效理论体系与定量评价方法。为此需研究典型间壁式（板式、螺旋板、空冷器等）与接触式（接触式空冷和脱硫系统接触式）热交换设备内热质输运机理，分析不同结构参量、热工参量对间壁式与接触式热交换设备宏观特性影响规律，获取传热传质关键参数与能耗之间的关联关系，建立典型间壁式与接触式热交换设备能效指标体系及评价方法，最终指导热交换设备的高效设计与低能耗运行，提高能源利用效率。

5）长期服役承压设备延寿及安全保障技术

针对新建承压设备，开展基于寿命的精准设计可行性研究，包括材料成分、结构设计、制造工艺、检测方法与重大装备服役环境、服役寿命的关联规律研究，目标环境条件下的极限寿命分析，材料-设计-制造-检测影响因素及控制措施等，研发承压设备基于寿命的精准设计与制造技术。针对在役承压设备，开展原设计方法与制造工艺的安全裕度再分析、在役检维修技术的有效性再分析，探明承压设备服役性能退化规律及影响因素，建立长期服役承压设备主动延寿及安全保障技术。

5. 智能制造技术方面

1）材料基因组与增材制造

模拟典型材料的合金相种类、成分与组分等显微组织关键特征，以及长周期服役的显微组织演变规律；通过机器学习模型沟通材料显微组织与力学性能之间的相互关系；并利用高通量实验方法对关键实验点进行快速高效的补充验证。研发重要承压设备材料基因组与激光增材制造控形控性技术、复杂结构电弧微铸锻铣复合制造技术。

2）承压设备网络协同制造与智能工厂关键技术

开发底层物联网系统、焊接过程在线传感传输与质量评价技术、焊接工艺智能设计、焊接生产智能管控、焊接质量与数字化试验测试及生产过程模拟仿真和软件，研制激光视觉管板智能化焊接单元、安放式接管焊接机器人智能化单元、90°弯管堆焊成型智能化焊接单元、激光视觉曲面板测量划线、坡口数控切割智能单元等智能化单元及装备，构建全流程智能管理、数字化示范车间，在线实时动态感知，推动车间全面数字化。

3）智能感知、实时检测与远程运维技术

针对复杂条件、多种机制、工艺易波动工况下承压设备的长周期安全保障难题，攻克特征安全参量的传感与在线测量技术，开发高精度监测技术与装备；建立承压设备临界失效预测与失效早期预警技术，开展承压设备动态风险分析与合于使用评估技术应用，搭建基于特征安全参量的承压设备智能化远程运维平台。

4）基于新一代人工智能的自学习进化技术、自适应调整技术及自优化运行技术

针对未知失效机理，通过大数据、人工智能技术，探索失效演化规律，甄别特征参量，建立复杂系统完整性评估和剩余寿命预测模型。融合新一代人工智能技术，探索失效自限、失效自控、状态自愈技术通过工艺参数自适应智能调控，

延缓失效发生，实现失效自预防。结合数字孪生技术，通过传感器监测，实现物理实体与虚拟空间的映射关联，模拟重要设备的真实运行，通过人工智能推理判断和人脑智慧的分析协同，实现设备节能、降耗、增效、延寿等自优化运行。

3.3 “十四五”重大工程建议

3.3.1 空天海装备产业“十四五”重大工程建议

1. 航空装备产业“十四五”重大工程建议

1）航空发动机重大工程

航空发动机是一种高度复杂和精密的热力机械，作为飞机的心脏，不仅是飞机飞行的动力，也是促进航空事业发展的重要推动力。

我国大型民机、高性能歼击机、大型运输机等型号不断发展，但其核心动力发动机一直是短板，在性能、寿命和可靠性方面都离国际先进水平有较大差距，随着我国综合实力的提升，竞争不可避免，所以国外“卡脖子”的手段是我们必然要面对的风险。

航空发动机发展的总体目标是突破核心关键技术和基础材料等难点，提升发动机的性能和寿命，达到国外产品同等水平，满足我国航空装备发展需求，避免“卡脖子”。

2）航空机载设备重大工程

机电系统与航电系统是航空机载系统的两大组成部分，前者可以保证飞机飞离地面及完成各类飞行任务，实现各种功能的传递；后者可以保证各种信息的采集、处理、管理和显示等，实现各种信息的传递；两大系统分别被称为飞机的“血液肌肉”和“神经系统”

机载系统的重要性可以从其占飞机整机价值量的比例看出来，机载系统占整机价值量的三分之一以上；对于飞机而言，机载系统又是不可或缺的一部分，需要进一步强化机载系统能力。

航空机载设备发展的总体目标是建立完整的设备设计、制造能力，提升机载设备的性能和可靠性水平，达到国外产品同等水平，满足我国航空装备发展需求，避免“卡脖子”。

2. 航天装备产业“十四五”重大工程建议

综合考虑国家安全、产业竞争力、民生保障等因素按重要性进行排序，为国家“十四五”新兴产业发展规划编制提供决策和判断依据。聚焦“十四五”时期社会经济建设需要和应用技术辐射需求，加快推进航天装备产业链布局，逐步完善技术装备创新体系。

1）空间用离子推力器重大工程

空间用离子推力器是将电能转化为动能的电驱动航天器发动机，用来给航天器提供长距离巡航、轨道转移、位置保持或姿态控制所必需的动力。离子电推进比冲是传统化学推进的 10 倍，可以提升整星综合效益近 3 倍，单星经济效益超过 10 亿美元。截至 2018 年 8 月，全球已有 257 颗在轨卫星采用电推进技术，其中离子推力器占比约 50%。从市场前景看，根据美国国家航空航天局（National Aeronautics and Space Administration，NASA）、波音、Aerojet Rocketdyne 和欧洲航天局（European Space Agency，ESA）等各类机构的多个分析，预计装备离子推力器的空间电推进系统将占据高轨卫星平台的 55%。

我国在 2020 年已完成多模式可调节离子推力器空间在轨飞行验证。该推力器作为我国自主开发的新一代大型桁架式卫星平台的发动机标准配置，各项技术指标国际先进。另外，离子电推进也是我国东方红 4E、东方红 3B 的标准配置，我国首次小行星探测任务也将采用离子推力器动力。我国航天器已经迎来电推进时代。未来将加强空间电推进产业的研发投入，联合航天工程总体单位，开展技术成熟度提升、可靠性设计和寿命优化，以及应用能力提升等方面的研究工作。

2）天地一体化卫星网络

在现有基础上，持续完善卫星组网工作，打通各卫星网络之间的联系，建立天基、地基相结合的天地一体化卫星网络。

卫星通信方面，建设随遇接入、高速互联的卫星通信系统，面向市场与行业应用，积极开发利用轨位和频率资源，逐步建设固定通信广播、移动通信广播及数据中继卫星系列，逐步建成覆盖全球主要地区、与地面通信网络融合的卫星通信广播系统，服务宽带中国和全球化战略，推进国际传播能力建设。

卫星导航方面，建设全球连接、按需服务的卫星导航授时系统，完成北斗全球卫星导航系统组网建设，实现区域向全球系统平稳过渡。完成下一代卫星导航系统，服务范围覆盖中高轨，建成性能先进、功能全面、安全可靠的时空基准网络和导航信息服务网络，实现由单一的定位授时服务向按需提供导航信息服务转变。

卫星遥感方面，建设全域感知、全球覆盖的卫星遥感系统，采用一星多用、多星组网、多网协同的发展思路，建设陆地、海洋、大气系列卫星，逐步形成高中低空间分辨率合理配置、多种观测手段优化组合的综合高效全球观测能力，实现陆地、海洋和大气观测多星座协同运行，观测手段持续创新，全天候、全天时、定量化、综合观测能力大幅提升，形成全球陆地、海洋和大气多尺度、近实时观测能力。

3. 海洋装备产业“十四五”重大工程建议

“十四五”期间布局一些海洋装备领域的重大工程，对于攻克海洋装备关键核心技术，发展急需海洋装备产品，提高我国维护海洋主权和安全能力，培育海洋战略新兴产业，构建海洋经济发展“双循环”模式，实现我国国民经济可持续发展和“两个一百年”奋斗目标，具有特殊重要意义。

1）“南海造油田”工程

专属经济区的海洋油气开采是声张和维护国家海洋主权的另一种形式，也是国际上的通行做法。我国南海油气地质储量约占全国总资源量的三分之一，其中70%蕴藏于深水区，若能将南海油气储量全部开发利用，可以供全国用上近百年。今后一段时间，建议我国应以南海海洋油气开采为主要形式，声张在南海的主权及海洋权益，并使之成为我国能源自给的重要来源，以保障国家能源安全。因此，应尽快适时立项推进“南海造油田”工程。

总体目标是加快南海深水油气自主开发，形成完全自主开发的深水油气开发技术和装备体系，择机带动合作开发，实现南海中南部油气资源的大规模开发。

主要任务：①对接南沙油田建设，以军民融合形式将南沙新建岛屿建成南海油田保障基地。②自主研发一批深海油气生产装备，如LNG-FPSO、SPAR平台、水下生产系统、深海水下无人施工装备等。③自主研发深水油气开采“卡脖子”配套设备，如井口防喷器、立管、钻机、DP3动力定位、大功率变频器、深水阀门组件等。

2）“深海采矿”工程

为加快我国深海矿产资源精准勘探与环境监测装备的研制，可在国家层面建立“深海矿产资源勘探–开采示范工程”重大工程。

主要目标：实现我国在深海矿产资源开发领域技术装备的超越发展。2035年前，完成深海资源商业生产的准备工作，具备进行深海底资源商业生产的能力，引领国际深海开发与保护的规则标准制订。在21世纪中叶，成为深海开发装备市场的主要供应者和深海矿产加工的先进国家。

主要任务：①在3～5年内，完成5000m级单体采矿样机试验验证、环保试验与环境评估，打通商业化的海底采矿工程体系的技术链。②发挥我国“集中力量办大事”的制度优势，深入组织开展国际海底采矿、深海关键技术装备、深海开发与环境保护等前沿领域的攻关。③研发极端深海环境下的“探、采、输、储”高效、绿色、安全的资源开发智能装备。

3）“国家海洋科学研究装备”工程

开展全面而扎实的海洋科学研究是充分利用海洋和保护海洋的重要依据。海洋科学研究实力的提升是确保我国在国际海洋科学领域获得话语权、有效参与国际海洋资源竞争的重要保障，也是体现国家海洋实力的重要指标。我国海洋科学研究与相关支撑装备正处在关键发展阶段，与美、日等海洋科学装备强国相比仍存在不小的差距。为尽快赶超国际海洋科学研究的先进水平，我国要加强该领域资源的统筹协调，避免和减少重复性低质投入。为此，应积极建立国家层面的专项。

主要目标：统筹规划海洋科学研究领域的关键方向、核心目标，纳入海洋科技创新发展规划，并给予重点关注和长期支持；制定海洋科学研究装备发展路线图，统筹国内优势资源和研究力量，以海洋科学研究信息和装备的共享为理念，加快海洋科学研究装备的集约化体系建设。

主要任务：①以政府为投资主体，根据海洋科学研究需求指南，设立海洋科学研究发展专项基金，合力攻关海洋科学研究领域的关键技术。②加强海洋科学研究装备的设计建造能力，建设具有国际先进水平的海洋调查船，大力发展深海空间站、水下无人潜航器等重要海洋科学装备。③积极探索组建国家联合调查科考船队，建立国家科考船统筹调度及船时共享管理机制以及重大科技装备的运营管理机制。

3.3.2　智能制造装备产业“十四五”重大工程建议

持续完善政府对基础性、战略性、前沿科学研究和共性技术的支持机制，对国家各类科技计划进行有效衔接，进一步支持高端装备制造产业共性技术创新体系的组建与协同。04 重大专项完成了实施方案，达到了专项论证时（2008 年）的国际先进水平，距当前国际水平仍有 10～15 年的差距。我国高端机床装备产业正处于爬坡过坎的关键时期，高端机床装备的发展任重道远，自主可控的高端机床装备作为国防安全的重要保障，目前仍有关键产品受制于人。在当前复杂国际形势下，加快发展高端机床装备，解决我国制造业领域的“卡脖子”难题已成为制造行业和应用领域用户的共识。

（1）建议启动专项接续计划“高端制造装备”专项，延续我国高端制造装备的创新发展节奏，避免中途停顿，扩大工作母机内涵，突出智能跨越。总体任务目标应从“跟跑”转向“并跑”。

专项接续计划围绕高端制造装备的问题导向，应聚焦在航空、航天、军工及电子信息等战略领域需要的高端制造装备上。将数控机床和基础制造装备（铸锻焊）研究内容聚焦在高效、精密、可靠性和精度保持性方面，并拓展到超精密机床、大型复合材料制造装备、大尺寸高效金属增材制造装备、冷热加工、宏微纳结构制造、高能束工艺复合装备及制造装备智能化。

专项接续计划探索由领域重要用户（即业主）牵头，实行“产学研用”联合体大平台协同攻关的新举国体制，采取国家科技重大专项的形式支持，从而推动行业高质量发展，保障我国国防安全自主可控，全面支撑制造强国战略。提升行业创新能力，保障我国国防安全迫切需要专项接续。

（2）数字化、网络化、智能化使制造装备进一步提升了效率、精度、适应能力和可靠性，成为中国制造高质量发展的重要途径。建议尽快启动“智能制造与机器人”重大专项，开展制造大数据、智能制造软件、智能产线、智能工厂等研发。注重专项研究成果的产业和企业应用，在配套政策支持下，进一步巩固创新成果、提升经济效益。

3.3.3 民生装备产业“十四五”重大工程建议

1. 农业装备

（1）新一代智能农业装备科技创新工程。新一代智能农业装备是乡村振兴、创新驱动发展等重大战略重点，也是国际产业技术竞争焦点、热点。发展新一代智能农业装备，补齐科技创新短板，解决关键核心技术受制于人的“卡脖子”难题，推进产业转型升级高质量发展。以提升智能农业生产技术水平和自主创新能力为目标，统筹应用基础、关键共性、重大装备、示范验证等，统筹粮经饲、农林牧渔、种养加等，以智能制造、智能装备、智能管理、智能服务为主线，重点开展动植物生长智能调控、高效智能作业装备、远程运维与管理、智能作业机器人技术系统，关键零部件及整机智能设计、高性能材料与制造技术研发，以及动力换挡、无级变速、动植物生长与环境信息感知传感器、农机工况及作业质量传感器、高效采收与清选部件、智能操控系统等研发，发展耕、种、管、收等智能作业农机装备，发展畜禽、水产等智能养殖装备与设施，发展农林产品、畜禽产品、水产品等贮、运、加工智能装备与设施，发展农业农村信息服务产品及设施，形成自主可控技术产品体系，为农业装备产业发展提供高水平科技供给。

（2）农机装备重大整机及零部件产业化工程。加强整机与零部件协同，组织整机企业、零部件企业与科研单位、应用示范企业（基地）用户开展联合攻关，重点开展大马力智能拖拉机、谷物智能收获机、大型智能采棉机、甘蔗收获机，大马力发动机、柴油机高压共轭系统、液压机械无级变速器，以及大功率电液转向驱动桥、电液提升器、高性能打结器、专用传感器等核心零部件研发及产业化，实现高端农机装备产业化、关键核心零部件国产自给、农机装备质量全面提升，实现关键技术及核心零部件对外依存度由 90%降低到 50%以内，国产农机装备市场满足率 90%以上。

（3）全程全面农业机械化推进工程。充分发挥农机购置补贴、农机化全程示范县建设资金的引导作用，加强薄弱环节农业机械化技术研究和农机装备的研发、推广与应用，推动品种栽培装备等多学科及产前、产中、产后各环节协同联动，推进主要农作物生产全程机械化技术集成与示范；大力支持保护性耕作、秸秆还田离田、精量播种、精准施药、高效施肥、水肥一体化、节水灌溉、残膜回收利用、饲草料高效收获加工、病死畜禽无害化处理及畜禽粪污资源化利用等绿色高效机械装备和技术的示范推广，加快果菜茶、牧草、现代种业、畜牧水产、设施农业和农产品初加工等机械化发展，支撑农作物综合机械化率到 75%以上、畜牧业机械化率到 50%以上。

（4）智能农业示范应用工程。融合应用 5G、物联网、大数据、区块链、云计算、人工智能、遥感卫星等基础设施和新技术，集成智能化的耕整、水肥种药施用、采收等智能农业装备，形成适合于不同生产规模的主要粮食和经济作物生产信息化、智能化整体解决方案，在不同规模的农场进行无人农场、智能生产示范应用。集成高效节能设施、环境调控、畜禽个体饲喂、畜产品采集等养殖设备，形成适合于不同养殖规模的畜禽、水产养殖生产信息化、智能化整体解决方案，进行智慧牧场、智慧渔场等示范应用。优化提升果蔬、畜禽水产品分选分割、清选杀菌、高效干燥、分等分级、安全包装、品质监测、溯源等智能装备，集成智能化加工成套工艺技术及装备，开展农产品智能化加工示范应用。建成适用中国农业特色、具有自主知识产权的智慧农业技术体系，支撑农业生产数字化水平由 20%提高到 30%以上，推进实现农业智能生产。

2. 食品装备

（1）食品重大装备研究示范工程。重点发展智能控制、节能加工、成形改性、快速检测、非热加工、新型杀菌、高效分离、生物制造和自动包装等先进制造共性关键技术装备研发；开发节能挤压改性、低温快速压榨、高效节能干燥、连续蒸煮烤制、无损检测分选、无菌高速灌装及中央厨房等系列核心装备；重点研制大容量（1000L）、超高压（600MPa 以上）等新型冷杀菌处理装备，以及包含灌装机、洗瓶机、杀菌机、卸码垛机等高端单机装备啤酒灌装生产线（90 000 瓶/h）、易拉罐灌装线（120 000 罐/h）、超高速封罐机，以及圆形、方形、矩形等易拉罐封盖机等核心重大装备。

（2）核心成套装备集成示范工程。重点研制食品制造成套化核心装备与集成装备，研发具有自主知识产权的智能化、数字化、规模化、自动化、连续化、工程化装备；研制高效处理、品质检测、在线监控、远程诊断和网络管理等成套装备；研制智能、绿色食品制造系统成套设备、成套食品工程装备、环保型绿色包装材料与智能化包装成套装备。

（3）中华传统食品装备制造示范工程。重点提升粮油、果蔬、薯类、畜（禽）产品、水产品综合加工及中华传统食品工业化专用型关键装备等集成与成套装备开发能力，发展传统发酵食品、中餐主食菜肴等中华传统食品加工、包装装备；发展现代化中式食品制造产业，传承和发扬传统食品色、香、味、形俱佳特色，满足老百姓对中餐营养、健康、方便、美味、实惠需求，提升中华传统食品和民族特色食品等新兴食品产业标准化、连续化和工程化技术水平。

3. 纺织装备

1）纺织绿色生产装备重大工程

重点发展生物基纤维、可降解纤维等绿色纤维生产技术与装备，以及连续化绿色印染技术与装备，对于替代化石资源、减少水资源消耗和污染、发展循环经济、建设资源节约型和环境友好型的社会具有十分重大的意义。

未来我国绿色制造装备发展的目标是突破纤维制造化学品、绿色表面活性剂、活性染料和功能整理剂等绿色化学品制备关键技术，研发出高效低耗及短流程和非水介质印染技术。“十四五”期间，应扩大生物基原料的纤维生产，建立废旧纤维及纺织品的高水平再循环回收利用体系；实现针织物染整的全流程连续化生产，降低能耗、水耗和染化料助剂用量，总体上使我国可再生的纤维占全球的 50%，纺织单位产品工业能耗降低 20%以上，水回用率达到 40%以上。

“十四五”期间主要任务如下：①研发绿色制造产业化应用与装备相配套且尚需进口的高效环保无毒的纺织化学品、部分高档面料用染料、特殊功能整理助剂、喷墨印花喷头等辅材与关键基础件。②改进生物基纤维生产应用的单体原料、专用浆粕及溶剂的品质、单线规模，研发再生循环纤维相关制备装备。③重点攻关数控针织物染整连续化绿色成套装备、染化料免（少）水洗染色印花技术与装备。

2）纺织智能装备重大工程

大力发展智能纺织技术与装备，进一步提高纺织品加工的自动化和智能化水平，可有效推动我国纺织装备转型升级，进一步提质增效，提高产品生产附加值，增强企业竞争力，这对于缓解产业链被动向外转移的压力、保持我国纺织强国地位有着重要意义。

未来我国智能纺织技术与装备发展的目标是重大标志性产品的性能和质量达到国际先进水平，国产纺织品在鞋服、家纺等民用消费品领域的竞争力增强。“十四五”期间，应基于新一代信息技术，实现纺织生产的自动化、数字化和网络化制造，短流程纺织装备、部分行业关键共性技术等实现技术突破，总体使得我国生产的纺织消费品生产附加值提高 10%以上。

“十四五”期间主要任务如下：①攻关全自动转杯纺纱机、喷气涡流纺纱机、清梳联合机、自动穿经机、一次编织成型纬编机、长丝集约式高速卷绕装备、服装家纺智能自动裁剪输送等智能纺织装备。②攻关电子清纱器、槽筒、高速钢领钢丝圈、织针、电子多臂、高速无梭织机开口装置等基础零部件，重点发展纺织接头、化纤长丝生产、服装家纺等关键工艺环节的专用机器人。③开发质量在线检测系统、立体成型控制系统及织机智能控制系统等，重点攻关并推广基于 5G 技术、工业互联网和人工智能等新一代信息技术的纺织智能工厂。

3）产业用纺织品装备重大工程

纺织工业中基础纤维、关键战略纤维与前沿纤维及其装备，是支撑先进制造业、智能与功能消费品、医疗与健康、环保与防护、建筑业与农业等产业发展的关键基础和核心材料，对经济发展、国防建设和社会进步具有重大的引领带动作用。

未来我国产业用纺织品装备发展的目标是突破相关纺织纤维新材料的技术并加快产业化应用，基础纤维新材料总体水平达到国际领先水平、关键战略纤维与前沿纤维总体技术达到国际先进水平。“十四五”期间，要实现柔性化模块化非织造布成套装备技术突破，实现 T800 以上的碳纤维国产成套装备产业化，解决海洋工程、航空航天、轨道交通等领域战略新材料生产设备的“卡脖子”问题，摆脱纺织复合材料成型手工作业和绳、网半自动化生产的现状，总体使我国产业用纺织品纤维材料加工总量占比达到 35%以上。

4. 医疗装备

（1）医疗装备创新工程。围绕高性能医疗装备的创新构建创新生态，结合持有人制度的实施，打造开放的公共服务平台为产业提供集约化的服务，包括样机生产、型式检验、临床检验、产品注册等一系列服务；探索科技成果新交易机制；助推一批优秀品牌；扶植 30 家大型企业走向国际化，形成产业竞争力。

（2）基础应用研究能力提升工程。攻关先进基础材料、核心元器件和关键零部件，提升制造工艺现代化水平，加强医疗装备产业基础及信息安全的标准制定，促进国产高端医疗装备核心零部件、关键原材料和整机形成可靠、稳定和批量的生产能力。针对 5G、大数据和人工智能技术在医疗装备领域中的应用开展基础性应用研究，推进智能制造技术在医疗装备开发设计、生产制造、检测检验等环节的应用和示范，完善相关标准体系建设。到 2025 年，医疗装备关键零部件及材料取得重大突破，高端医疗装备产品和性能达到国际水平，产品系列丰富，国产医疗装备实现规模化应用；国产医疗装备全产业链基础技术突破“卡脖子”问题，基本形成有效且安全的产业供应链。

3.3.4 承压设备产业“十四五”重大工程建议

加强承压设备技术储备，适应制造业高端化、绿色化、智能化的发展趋势。组织实施重大技术装备攻关，为突破“卡脖子”瓶颈、补齐短板、推动产业迈向中高端提供支持。“十四五”期间，建议集中力量开展以下方面的承压设备产业重大工程。

1. 石化重大承压设备设计建造关键技术突破工程

针对石油化工领域亟须开发的重大承压设备，开展 45 万 t/a 低密度聚乙烯装置超高压反应器、炼油装置的超大型加氢反应器、芳烃装置的超大型缠绕管式换热器、LNG 工厂主低温换热器、大型复杂管网智慧长输油气管道等承压设备设计制造关键技术研究。

2. 氢能储运装备设计制造关键技术突破工程

面向氢能安全高效储运的重大需求，开展高压气态储氢、有机液态储氢、低能耗低蒸发低温液氢、深冷–高压和高密度长寿命固态–高压等复合储氢系统研究，突破氢能产业的承压设备核心技术和产品。

3. 太阳能光热发电重大承压设备设计制造关键技术突破工程

针对太阳能光热发电提高效率与降低成本的需求，研究高温储热方法、储热装置动态失效与可靠运行机理，提出非稳态变物性超临界二氧化碳与储热介质的湍流换热特性及换热器设计方法，开发高效率、高性价比的能量吸收侧和释放侧反应器；开展超临界换热介质和微小尺度换热单元的传热与流动关系、异性结构设计技术等研究；研制熔盐储能装置、高效换热器等关键装备。

4. 第四代核反应堆承压设备设计制造关键技术突破工程

针对第四代先进核电反应堆压力容器，开展高温用钢材料性能、密封结构优化、贵金属衬里结构、支撑环、高温熔盐设备结构等研究；研究核能领域用扩散焊微通道换热器专用机械设计方法；研究奥氏体不锈钢、镍基合金材料高精度微通道蚀刻工艺、芯体扩散焊工艺技术，突破核电反应堆承压设备设计制造关键技术。

5. 第三代半导体氮化镓反应釜设计制造关键技术突破工程

针对第三代半导体氮化镓单晶衬底制备用核心设备高温超高压反应釜，研究镍基高温合金的黏塑性变形行为、蠕变疲劳交互作用下宏微观损伤机制；建立高温超高压反应釜高温强度设计技术方法，最终实现合成 8in 以上单晶能力的高温超高压反应釜国产化研制。

6. 海洋工程储运装备设计制造关键技术突破工程

针对深海探测领域载人与无人探测器研制的迫切需求，研究超高外压设备的主导失效模式与损伤机理、材料服役性能与失效行为、超大潜深环境下耐压结构极限承载能力、焊接工艺、焊接残余应力、保形控性等关键制造技术。

7. 超超临界电站锅炉安全智慧化管理关键技术突破工程

研究 630℃等级超高参数电站锅炉优化设计、选材准则、特殊部件制造、超低氮煤粉燃烧系统等关键技术；研究 630℃等级超高参数电站锅炉燃烧控制、运行监控与诊断等关键技术；研究电站锅炉关键部件缺陷智能检测、燃烧智能监测、在线巡检等关键技术及设备；研究超高参数电站锅炉燃烧安全智能评价、介质安全智能评价、关键部件安全智能评价以及寿命快速评估关键技术；开发超超临界电站锅炉安全智慧化管理技术平台，并开展工程示范应用。

第4章　发展路线

4.1　空天海领域中长期发展路线研究

4.1.1　航空装备领域中长期发展路线研究

1. 发展目标

以建成我国航空装备制造强国为中长期发展目标，亟须突破系列航空装备关键技术，形成航空装备自主可控发展能力，满足我国航空型号发展需求。着力攻克一批能够起到示范带动作用的重大“卡脖子”技术与装备，完成航空装备技术由“跟跑”“并跑”到“领跑”的跨越，成为世界航空装备市场中的重要竞争力量。

2. 重点任务

应立足国内航空型号密集立项、批产型号加速状态下对航空装备的迫切需求，攻克一批重大“卡脖子”技术与重大工程装备，如航空发动机、航空机载设备等。

突破航空装备关键技术与基础材料等难点，如航空机载系统、飞行控制、结构/材料/制造、性能测试与验证装备、元器件、CAE/CAD软件、通信导航、燃油/液压、电源系统、高性能航空机载系统，包括高性能液压系统、电力系统、环控系统等。

以重点装备发展为主线，重点发展军用战斗机、大型运输机、大型客机、大型无人机等主流装备，兼顾小型低成本通用航空装备。

支持一批有基础的行业创新企业、鼓励自主创新、培育行业领头羊企业。以航空高端装备的高附加值，吸引上游配套企业研发高端精密零部件，打通航空装备上游产业。建立航空主机厂和航空装备厂商的联动机制。在新型号立项和原有型号批产上加大装备投入支持，鼓励原有生产线的技术升级，培育航空装备的市场需求。

航空装备领域中长期发展路线如表4-1所示。

表 4-1 航空装备领域中长期发展路线

里程碑	子里程碑	2025年	2030年	2035年
需求	中美贸易摩擦	美方持续升级中美贸易摩擦，打压中国高端装备产业技术进步和产品升级，不给中国高科技企业弯道超车的机会，迫使我们加大研发投入，增强自立更生能力		
	疫情冲击	疫情造成复工延迟，恶化航空航天装备原材料和元器件等上游环节，高新技术企业将加大投入自动化设备		
	“一带一路”	“一带一路”倡议的实施为我国高端装备制造业高质量“走出去”提供了良好契机。我国航空装备应顺应“一带一路”沿线国家的产业升级的趋势，支持该行业“走出去”加强与其他国家的投资与合作		
目标	市场规模	航空制造市场规模占全球份额10%以上，航空装备产业营业收入达到万亿元		
	军民一体化保障	提高民用航空占比，民用飞机营业收入将超过2000亿元		
	通用航空规模	通用航空数量比2020年增长16%		
	信息化	信息化逐渐成为航空装备研制的主流，逐步向智能化发展		
重点任务	大型客机	研制航程4000km以上，150座级的枢纽飞机，并在舒适性、经济性、环保性等方面深入挖掘潜力，提供具有国际竞争力的干线飞机，并逐步形成系列化和规模化生产能力		
	军用无人机、战斗机	我国对高品质战斗机的需求将逐渐增加，随着第四代战斗机的逐渐服役，无人机、第五代战斗机等新型战机将逐渐成为发展主流，将对相关的支撑产业形成强有力的牵引		
	军用大型运输机	大飞机技术带动军用大型运输机的发展，催生出性能卓越的军用大型运输机，成为航空装备产业发展的重点		
	支线飞机	加快涡扇支线飞机研制，逐渐形成产业化能力，实现批量交付	根据不同的用户需求进行差异化经营，改进标准型飞机，提供定制化服务，开展加长型、豪华型、货运型、公务型等飞机研制，实现系列化并适时启动新型支线飞机研制	
	通用飞机和直升机	在民用领域发展通用飞机和直升机，鼓励民营资本进入6座以下轻型通用飞机和2t以下直升机的研制。充分利用民间资本，撬动我国航空装备的升级换代		
	无人机	突破无人机系统中智能飞控等关键核心技术，成为无人机强国，技术达到国际领先水平		
关键技术	航空材料、制造技术等技术材料	基础产业发展时间短，不能完全支撑我国先进航空装备的发展，国家层面应统筹技术领域，进行资源倾斜，补齐短板，助力我国航空装备产业均衡发展		
	设计软件、仿真手段等软科学	我国相关领域产品呈现散、乱、小等特点，长期依赖国外产品，研究成果难以在体系上支撑航空装备产业，建议政策倾斜，体系布局，构建我国自主可控的CAE、CAD等仿真软件体系，支撑我国高端航空装备产业发展		
	人才建设	新兴专业人才极为紧缺，如智能制造、人工智能、信息化、高端精密加工等专业，现有人才配置远不能满足航空装备产业所需。建议针对航空产业快速发展所涌现出的新兴专业，加快人才培养，支撑我国航空装备产业的快速发展		

续表

里程碑	子里程碑	2025年	2030年	2035年
领域重大工程	航空发动机	体系化布局航空发动机关键技术群，激发原始创新能力，加快亚燃冲压发动机、超燃冲压发动机等新型发动机研制，为我国新型战机和大型民机提供强劲动力，实时带动发动机周边产业发展		
	航空装备产业	大力发展航空机载系统、飞行控制、结构/材料/制造、性能测试与验证装备、元器件、CAE/CAD软件、通信导航、燃油/液压、电源系统等大量产业集群的综合优化，促进军民融合发展		
战略支撑与保障	将航空工业定义为国家战略产品	航空工业是带动国民经济发展的重要产业，先进航空产品的研制生产带动尖端技术的发展，推动工业转型的升级		
	“互联网+”行动计划	提升航空领域制造业数字化、网络化、智能化水平，促进制造业提质增效、转型升级		

4.1.2 航天装备领域中长期发展路线研究

1. 发展目标

围绕国家航天战略发展需要，实现航天发射、卫星、空间探测等多方面发展；加强前沿技术创新、原始技术创新，实现技术预研和储备；加强基础工艺研究及批产制造能力，解决核心航天装备的关键原材料、元器件、制造技术、制造装备等方面的短板问题，实现航天技术与装备的自主可控；推动内部产业结构和组织模式变革，实现民用航天技术及产业发展，全面满足我国航天任务快速发展的需求，建成航天装备强国。

2. 重点任务

（1）攻克一批重大技术与装备，如重型运载火箭与可重复使用运输系统、小尺寸组合动力重复使用运载器、可重复使用天地往返航天运输系统。

到 2035 年之前，我国航天装备领域有两大技术重点和难点，分别是重型运载火箭与可重复使用运输系统的研制。重型运载火箭研制需要提前攻克低温推进剂在轨储存与传输技术，大直径箭体设计、制造及试验等关键技术，解决关键复杂构件增材制造等基础问题；目前国家已开展了重型火箭总体方案、关键技术研究的部署。可重复使用运输系统的研制有两种技术途径：一是火箭动力的可重复使用，如美国的猎鹰 9 号火箭，主要技术路径是通过一两级的重复使用飞行验证，最终实现火箭动力两级入轨完全重复使用形成工程应用能力，需要解决面向重复使用的返回与着陆制导控制技术、火箭发动机多次重复使用技术等关键问题；二是瞄准水平起降、单级入轨的重复使用运输能力，2035年完成小尺寸组合动力重复使用运载器的技术验证，其中需要攻克多模态高效燃烧组织、大功率气流低温预冷、超高压比压气机等关键技术。灵活、低成本地进入空间是未来航天发射的主流趋势，可重复使用运输系统技术路径选择问题，以及组合动力在理论基础和技术实现方面难度大、国际认识不统一，因此，建议安排可重复使用天地往返航天运输系统作为航天领域重大科技项目。

（2）卫星通信、卫星遥感和卫星导航三大领域均将瞄准支撑实现天地一体的广域、先进大系统方向发展，研制满足天地一体化信息网络通信技术与装备，实施国家空、天、地、海物联网重大工程。

天、地不同渠道的空间信息实现互联互通、深度融合是信息技术和信息产业发展的大趋势。到2035年之前，卫星通信、卫星遥感和卫星导航三大领域均将瞄准支撑实现天地一体的广域、先进大系统方向发展。卫星通信领域需要攻克基于高频谱使用效率的空天地信息网络技术，解决物理层、网络层和系统总体构架三个方面技术的技术难点，突破逼近香农限的高效编码技术、跨层多域联合编码技术、陆海空天频率整体协调技术等；突破太赫兹、激光频段通信和空间超导等新型通信技术，满足信息安全、深空通信和星间通信等进阶需求。卫星遥感领域，要实现天基对地观测数据与空基、地面获取数据的融合应用，需要研究多要素空间遥感技术体制、空间遥感精细化测量方法，突破在轨数据融合与处理、多探测要素融合等，最终实现多元感知、综合感知、精细感知；同时，高稳定低噪声毫米波接收、差分吸收激光雷达等新型技术的研究与应用也是天基遥感的重要发展方向。卫星导航领域，针对高性能、高可靠导航定位的需求及卫星导航系统无限性、脆弱性问题，研究重点向室内、水下、地下、深空、深海导航定位的新机理、新方法，在此基础上研究异质异构多源导航的建模、系统控制与数据融合技术，从整体上建设新时空体系。目前，多信息融合水下导航技术、水下通信导航一体化技术都是导航技术发展的重点。为促进上述一体化基础设施建设，建议适时实施国家空、天、地、海物联网重大工程。

建立高效空间信息服务体系是满足空间应用需求的重要条件。随着空间信息技术的不断发展，将持续建设和提升天地一体化的空间信息服务体系的能力，建设高性能五维一体空间信息服务平台，并发展形成智能空间信息服务系统。为此，需要研制满足天地一体化信息网络通信的终端技术，突破多源空间信息实时融合服务、空间信息语义挖掘与向自然语言互转译等技术，并解决复杂目标隐性特征提取与行为模式感知机理、空间信息稀疏表征、语义建模与融合处理理论方法等基础研究问题。

（3）载人航天与深空探测领域：研究载人登月、火星“绕落巡”与“采样回”、木星及其卫星的探测、小天体探测、太阳系及星际空间探测；重点研究空间智能机器人、深空探测长周期可循环生命保障、月球激活性长期有人驻留基地建设等技术，以及在轨服务与维护系统等。

载人航天与深空探测领域 2035 年前的重点任务为载人登月、火星“绕落巡”与“采样回”、木星及其卫星的探测、小天体探测、太阳系及星际空间探测。在载人航天领域，需要重点研究空间智能机器人、深空探测长周期可循环生命保障、月球激活性长期有人驻留基地建设等技术，在 2027～2033 年视情况发射无乘员或有乘员的载人飞船，造访深空目的地（地月拉格朗日点、近地小行星或月球表面）。在深空探测领域，深空探测器系统自主管理、可靠高码速率深空通信、高效能源与推进、深空复杂环境天体动力学研究都是深空探测的核心问题。

深空探测及空间飞行器在轨服务与维护系统研制在 2030 年国家重大科技项目中已有安排，随着空间智能机器人、在轨加注与模块更换、废星清除与轨道救援等关键技术的突破，在 2027 年前后建设完成多任务服务飞行器和轨道维修补给站基本型的基础上，进一步深化超大型航天器附件在轨构建、航天器部组件回收再利用技术的工程应用，2035 年建成轨道服务与维护体系，具备空间飞行器维护服务、轨道监视与维护、空间系统在轨构建等业务能力。

航天装备领域中长期发展路线如表 4-2 所示。

表 4-2　航天装备领域中长期发展路线

<table>
<tr><th>里程碑</th><th>2025年</th><th>2030年</th><th>2035年</th></tr>
<tr><td rowspan="2">需求</td><td colspan="3">满足经济建设、科技发展、国家安全和社会进步等需求，推进军民深度融合</td></tr>
<tr><td colspan="3">探索浩瀚宇宙，发展航天事业，建设航天强国</td></tr>
<tr><td rowspan="9">目标</td><td colspan="2">进入航天强国行列</td><td>进入航天强国前列</td></tr>
<tr><td colspan="3">大幅提升自主进入空间、利用空间和探索空间的能力，提供更加广泛和综合性的信息服务</td></tr>
<tr><td colspan="2">攻克制约瓶颈，核心元器件、关键原材料自主率达到80%</td><td>若干重要前沿领域引领世界航天发展，核心关键基本依靠国产</td></tr>
<tr><td colspan="2">新一代中型运载火箭型谱完善，轨道转移技术全面发展，任务适应性大幅提升</td><td>形成完善的航天运输系统型谱，完成重型火箭研制，重复使用技术全面突破</td></tr>
<tr><td colspan="2">空间基础设施布局合理、全球覆盖、高效运行，空间信息应用广泛、服务体系完备</td><td>具备全球无缝、泛在服务能力，实现信息获取、存储、传输和挖掘的跨域多层次深度融合</td></tr>
<tr><td>圆满完成载人与月球探测三步走</td><td colspan="2" rowspan="2">逐步开展太阳系广域探测乃至载人深空探测预备活动，具备探测太阳系主要天体和空间的技术能力</td></tr>
<tr><td>实现火星全球遥感与着陆巡视探测</td></tr>
<tr><td colspan="2">掌握在轨加注与模块更换等核心技术，初步具备典型轨道维护服务能力</td><td>轨道服务与维护系统功能完备，成为国家重要的资产和大型设施</td></tr>
</table>

续表

里程碑	2025年		2030年	2035年
重点任务	拓展新一代中型运载火箭型谱，完善快速发射固体火箭型谱			
	重型火箭研制及飞行试验			
	火箭动力一级重复使用飞行验证	火箭动力两级完全重复使用飞行验证	火箭动力两级入轨完全重复天地往返航天运输系统形成工程应用能力	
	小规模组合动力发动机原理试验	推力10t级的组合动力技术验证	组合动力几十吨级起飞规模飞行器技术验证	
	低温上面级研制及飞行			
			先进通用上面级研制及飞行	
	国家民用空间基础设施建设		天地一体化信息网络工程的天基系统建设	
			天空地海一体化时空服务系统建设	
			全球高精度无缝实时信息感知网络建设	
	高性能五维一体空间信息服务平台建设		智能空间信息服务系统建设	
	火星探测一期“绕落巡”	火星探测二期“采样回”		
	太阳系广域探测	小行星探测任务	木星系及行星穿越探测任务	
		金星探测任务	太阳探测任务	
	载人验证任务			
	在轨服务与维护突破核心技术、开展技术验证		形成多任务飞行器和轨道维修补给站基本型，具备重要轨道维护服务能力	建成应用系统，开展综合服务业务
关键技术	高性能长期在轨通用上面级			
	火箭动力可重复使用运载技术		组合动力可重复使用运载器关键技术	
			核热推进技术	
			天基组装发射	
		低温推进剂在轨储存与运输技术		
	基于高频谱使用效率的空天地信息网络技术	物理层技术	网络层技术	系统总体构架技术
	新型空间通信及有效载荷技术	柔性灵活载荷技术	全双工通信和空间通用天线技术	太赫兹、激光频段通信和空间超导通信技术
	先进空间能源技术	高效太阳光伏发电	同位素温差电池总体设计和应用	同位素电源设计和制造平台
	空间先进遥感载荷及多探测要素融合技术	高稳定低噪声毫米波接收等技术	差分吸收激光雷达等技术	在轨数据融合与处理等技术

续表

里程碑	2025年　　2030年　　2035年
关键技术	高精度时空管理技术
	水下通信导航一体化技术
	天基信息智能终端服务技术；多源空间信息实时融合服务技术
	深空探测系统自主管理技术
	小天体监测预警与防御技术
	深空探测长周期可循环生命保障技术
	月球激活性长期有人驻留基地建设技术
	空间智能机器人技术
	甚高分辨率激光成像空间目标三维模型重建技术；超大型航天器附件在轨构建技术
	对姿态失稳或机动航天器的停靠抓捕技术；高轨高精度时空基准的建立与传递技术
基础研究	关键复杂构件增材制造技术
	组合动力发动机需要突破的多模态高效燃烧组织技术
	超高压比压气机技术
	空间信息网络模型与高效组网机理；空天地海物联网体系架构总体设计技术
	空间操作环境认知理论与方法；基于近距离自组网络协同操作方法
	宽适应性模块化抓捕与操作机构理论与方法；空间高精度自主导航方法
	高效能源与推进问题研究
	超长时延器上自主管理问题研究
	新体制新机理定位导航授时技术
	空间信息稀疏表征、语义建模与融合处理理论方法
	复杂目标隐性特征提取与行为模式感知机理
	载人深空长期辐射损伤机理及防护问题研究
	行星进入、下降与着陆问题研究
领域重大工程	载人航天工程
	探月工程
	载人与深空探测工程
	天地一体化信息网络工程
	国家空、天、地、海物联网工程
领域重大科技项目	可重复使用天地往返航天运输系统
对策	中国商业航天指导意见
	建立天地协同、多系统一体、遥感通信导航综合的空间资源共享与互操作基础框架与标准规范
	建设国防空间无线电技术与应用重点实验室，提前进行频率资源战略布局
	多层次、多渠道推进国家合作

4.1.3 海洋装备领域中长期发展路线研究

1. 发展目标

围绕国家海洋战略需要，发展以高新技术产业为主导的海洋经济，积极推动海洋装备研发与应用、建立现代化海洋牧场、推进南海油气开发、加快海底矿物商业化开采，加快培育海洋生物基因，解决海洋装备技术短板，发展关键核心技术和装备创新能力，提升国产海洋装备配套水平。到2030年，在海洋装备、海洋生物、滨海旅游、海水利用、海洋新能源、海洋交通运输等产业形成世界级海洋产业集群，提升中国海洋经济总量占国内生产总值的比重；到2035年，建成与国家经济社会发展相协调，和国家安全权益维护要求相适应的现代化海洋强国。

2. 重点任务

1）船舶工业

主要任务：加快智能船舶研发，带动智能动力与配套装备新兴产业发展；开展深水作业工程装备、安全保障技术等装备和技术研究。

关键技术：发展智能船舶技术，研发船舶动态信息感知技术、自主决策与航行技术、通信导航技术、动力与推进智能控制技术、安全预警与智能避碰技术、全船智能管理技术、智能化船舶配套设备技术等关键技术；围绕南海能源开展科技攻关。

2）海洋交通物流产业

主要任务：开展智慧港口关键技术攻关、系统集成和示范运行，探索建立相关技术标准体系；开展智慧船舶专项工程，以传感器、通信、物联网、互联网等技术为手段，构建智慧船舶建造技术体系、标准体系，打造智慧船舶修造基地；开展智慧航运专项工程，构建基于雷达及多传感系统的船舶交通管理系统。

关键技术：智慧航运技术，包括航行信息感知系统；以北斗卫星导航系统为依托的通信导航技术；基于传感器网和大数据的能效控制技术；船舶状态监控和故障诊断技术；航行安全预警技术；智慧港口技术；负载均衡、数据同步、港口资源虚拟化等港口云计算技术。

3）海洋渔业

主要任务：高质量开发利用海洋生物的群体资源、遗传资源和物产资源。建设区域产业聚集区，培育具有国际竞争力的龙头企业和富有创新活力的高科技企业，发展环境友好型海水养殖业，保障供应和食物安全；加快开发极地渔业资源，促进大洋渔业的新发展；创新海洋药物和生物制品，培育海洋新生物产业。

关键技术：发展规模化生态健康养殖技术与新生产模式，以及水产养殖容量评估技术与区域养殖容量管理体系；突破水产良种培育核心技术，建立“育繁推”一体化工程，发展水产养殖现代装备与智能化技术；发展近海渔业资源评估与总量管理技术，以及资源养护工程与生态效果评价技术；突破南极磷虾资源高效开发与优质利用技术，发展远洋渔业新资源探测与开发工程装备。

4）海洋油气资源

主要任务：发展具有自主知识产权的深水能源勘探开发技术、深水油气开发装备和深海油气开发的保障安全装备，初步具备自主开发深水大型油气田的工程技术能力，为我国深水油气勘探提供装备保障和技术支撑。

关键技术：全面掌握窄窗口作业技术、水合物防治技术、井控技术、提质增效技术等全套深水勘探开发核心技术；建立集深水物探、勘探、钻完井、工程施工和物资供应等能力于一身的强大船队；强化深水专业应急救援装备与重大事故快速处理技术。开展消防、清障、水下井口介入、压井、救援井、溢油回收等抢险作业。

5）海底矿产资源

主要任务：针对不同矿产资源类型制定详细的储量、技术、商业、环境评估，并根据综合评估结果编制详尽的开发和环境保护计划，在环境保护的国际规则制定方面拥有话语权和影响力。

关键技术：发展海底采矿装备技术，重点突破水面支持装备技术、水下输送装备技术、动力输送和控制装备技术；研发国际海底矿产和生物资源的探测、勘查、观测、取样和开采等关键技术与装备；突破矿区及其附近海域的环境监测与评价、资源评价和长期观测所需关键技术，开展长期观测和采矿系统等系统研发。

6）海洋生物医药

主要任务：依托科技创新型企业和技术研发平台，开发拥有自主知识产权的海洋创新药物和新型海洋生物制品，高质量开发利用海洋生物的群体资源、遗传资源和物产资源。培育海洋新生物产业，培养具有核心竞争力、创新活力的高科技海洋生物医药企业。

关键技术：加快创新海洋药物基础研发技术。推动海洋生物制品的高值化应用技术。以深海生物组织和海洋活性物质的提取为基础，大力发展生物炼制技术。高效开发和研究海洋生物基因资源。

海洋装备领域中长期发展路线如表 4-3 所示。

表 4-3 海洋装备领域中长期发展路线

里程碑	2025年	2030年	2035年
需求	在海洋装备、海洋生物、滨海旅游、海水利用、海洋新能源、海洋交通运输等产业形成世界级海洋产业集群，提升中国海洋经济总量占国内生产总值的比重		建成与国家经济社会发展相协调，和国家安全权益维护要求相适应的现代化海洋强国
目标	发展以高新技术产业为主导的海洋经济，积极推动海洋工程装备研发与应用、建立现代化海洋牧场、推进南海油气开发、加快海底矿物商业化开采，加快培育海洋生物基因		
重点任务	船舶工业加快智能船舶研发，带动智能动力与配套装备新兴产业发展；开展深水作业工程装备、安全保障技术等装备和技术研究		
	海洋交通物流产业开展智慧港口关键技术攻关、系统集成和示范运行，探索建立相关技术标准体系	开展智慧船舶、智慧航运专项工程。构建智慧船舶建造技术体系、标准体系，打造智慧船舶修造基地	
	高质量开发利用海洋生物的群体资源、遗传资源和物产资源	建设区域产业聚集区，发展环境友好型海水养殖业，保障供应和食物安全；加快开发极地渔业资源；创新海洋药物和生物制品	
	油气资源发展具有自主知识产权的深水能源勘探开发技术、深水油气开发装备和深海油气开发的保障安全装备，初步具备自主开发深水大型油气田的工程技术能力		
	针对不同矿产资源类型制定详细的储量、技术、商业、环境评估，并根据综合评估结果编制详尽的开发和环境保护计划	开发拥有自主知识产权的海洋创新药物和新型海洋生物制品，培养具有核心竞争力、创新活力的高科技海洋生物医药企业	
关键技术	发展智能船舶技术，研发船舶动态信息感知技术、自主决策与航行技术、通信导航技术、动力与推进智能控制技术、安全预警与智能避碰技术、全船智能管理技术、智能化船舶配套设备技术等		
	物流产业智慧航运技术，包括航行信息感知系统	基于传感器网和大数据的能效控制技术；船舶状态监控和故障诊断技术；航行安全预警技术；港口云计算技术	
	海洋渔业发展规模化生态健康养殖技术，突破水产良种培育核心技术，发展水产养殖现代装备与智能化技术，发展远洋渔业新资源探测与开发工程装备		
	窄窗口作业技术、水合物防治技术、井控技术、提质增效技术等全套深水勘探开发核心技术；发展海底采矿装备技术，突破水面支持装备技术、水下输送装备技术、动力输送和控制装备技术；加快创新海洋药物基础研发技术		
领域重大工程	“南海造田”工程：形成完全自主开发的深水油气开发技术和装备体系，实现南海中南部油气资源的大规模开发		
	“深海采矿”工程：完成5000m级单体采矿样机试验验证、环保试验与环境评估		
	“海洋科学研究装备”工程：建设具有国际先进水平的海洋调查船，大力发展深海空间站、水下无人潜航器等重要海洋科学装备		

4.2　智能制造领域中长期发展路线研究

1. 发展目标

面对国际发展局势变化及国内产业发展要求，以国家目标和产业发展需求为导向，推动智能制造装备产业链安全和健康发展，保障国家重大工程需要的制造装备产业发展的安全、自主、可控。

到 2025 年，高档数控系统与关键核心功能部件短板基本得到改善，部分前沿技术及原创性装备取得突破，整机可靠性和精度保持性基本追赶到目前的国际先进水平。增材制造装备与同期国际先进水平差距明显缩小，部分增材制造装备技术水平迈向国际前列。

到 2030 年，高档数控系统和关键核心功能部件基本解决短板问题，可靠性和精度保持性达到同期国际先进水平，国产配套能力得到大幅提升，国产整机装备整体技术达到世界先进水平。

到 2035 年，高档数控机床和增材制造装备总体技术水平进入国际领先行列，开发出满足重点领域需求的高端机床和增材制造装备产品，我国成为世界上高档数控机床和增材制造装备的主要出口国之一，全面保障制造强国战略对智能制造装备的需求。

2. 重点任务

（1）彻底解决数控机床所需的国产高档数控系统与国产关键功能部件的批量化配套问题，确保我国重大技术装备产业链安全。

（2）在宇航及深空探测制造装备方面，重点突破航天/飞航武器大型构件和复杂构件大批量精密制造装备的国产化问题，支撑我国航天装备产业发展。

（3）在大型飞机及航空发动和制造装备方面，重点突破大尺寸机翼、机身，以及发动机短舱、机匣、叶片、涡轮轴、叶盘等典型部件的国产化制造装备产业化成熟配套问题，解决进口依赖问题，支撑我国大飞机与航空发动机产业发展。

（4）在新型舰船及深海探测等海工关键装备制造方面，重点突破大型船用螺旋桨推进器整体加工装备、深海工作站极端制造装备等的国产化问题，支撑国家海洋装备产业发展。

（5）在新能源汽车与轨道交通等国民经济优势产业领域，重点突破变速箱、轮对等关键零组件生产线的国产成套加工装备批量配套及智能化水平。

（6）面向国防、信息技术等领域急需的制造装备需求，重点解决我国超精密机床所需的功能部件国产化问题，形成我国超精密机床制造能力。

3. 发展路径

一是研发一批我国空天海以及国防军工领域急需的重要制造装备，开发一批国产新一代信息电子制造装备，包括用于芯片制造的光刻机等设备，解决高档数控系统、关键功能部件以及高档数控机床的“卡脖子”问题。

二是围绕空天海装备，如重型运载火箭、卫星、大飞机、海工等产业领域提升制造装备能力的需求，开展国产数控系统、国产功能部件以及国产数控机床配套的规模化验证，在关键核心技术装备及数控系统上坚持自主创新为主。

三是开展各工业领域的工作母机、生产线的数字化、网络化与智能化改造，提升工作母机的智能化水平。同时构建由国产高档数控机床为主的成套成组装备组成的数字化、网络化、智能产线和工厂行业级解决方案，形成完善的产业配套能力。

高档数控机床装备领域中长期发展路线如表 4-4 所示，增材制造装备领域中长期发展路线如表 4-5 所示。

表 4-4 高档数控机床装备领域中长期发展路线

里程碑	子里程碑	2025年	2030年	2035年
目标	总体目标	解决高档数控机床的数控系统、关键功能部件制造的“卡脖子”问题	完成开放式数控系统的开发，为数控装备网络化、智能化提供基础	基本实现高档数控系统、关键核心元器件国内供应
		实现工业领域数控机床生产线的数字化、网络化、智能化改造	实现国产高档数控机床接口标准化，包括通信协议、走线接口、追加附件接口等	形成具有国际竞争优势的高档数控机床完整的产业链
		数控系统、伺服系统、精密光栅等核心元器件形成连通配套	突破重点领域制造装备的关键技术，开展航空、航天、海工以及新能源汽车领域国产高档机床的规模化验证	支撑智能工厂的建设，形成各个行业级的系统解决方案
		实现以国产高档数控机床为主体的成套成组装备的制造	完成国产新一代信息电子制造装备的攻关研制	进入智能机床装备制造强国行列
需求	总需求	高端装备制造产业，如国防军工装备、空天海装备、电子信息设备、新能源汽车、轨道交通车辆、电力装备以及纺织、医疗、食品、农业等民生装备对高效、精密、超精密、高可靠性高端机床的迫切需求		
		新材料、新技术的不断进步及战略新兴产业培育壮大对机床装备产业提出的转型挑战		
		超快、超高、超常的“三超”需求，极大工件、极小工件、极端环境的“三极限”加工需求		

续表

里程碑	子里程碑	2025年	2030年	2035年
需求	航天航空以及航空发动机制造	解决新一代中型、大型运载火箭量产对总装成套装备的急需和重大技术问题，突破航天/飞航武器大型构件和复杂构件大批量精密制造技术瓶颈，满足探月、探火等深空探测对复杂构件轻量化、结构功能一体化的重大需求，支撑我国航天发展战略		
		突破大尺寸钛合金、碳纤维复合材料以及异性材料叠层的航空结构件高速切削、增减材复合以及大部件高精度互换性制造等技术问题，实现高性能、高精度、高效率、低成本制造，支撑我国航空飞行器发展战略		
		突破航空发动机关键零部件高温合金、高强度合金、复合材料的集成设计制造、高效和高精制造技术瓶颈，解决进口依赖问题，支撑我国航空发动机发展战略		
	船舶及海工装备制造	突破大型舰船关键部件制造技术，开发大型船用螺旋桨推进器整机加工装备，以及深海焊接、探测及深海工作站制造装备等，推进舰船3D打印现场维修成套装备发展，实现关键装备自主可控。支撑国家海工装备发展战略		
	汽车动力总成关键零件制造	重点开发新能源汽车变速箱高效加工/近净成形装备及成组工艺生产线，开发齿轮、壳体加工采用的强力纺齿、高效车齿、干式磨削、近净成形等高效加工与成形、在线检测与装配成套装备及生产线		
	其他国家重点领域急需装备	面向新一代战略武器装备制造、多目标红外探测及高精度智能制导、手机背光模组成像、光通信、半导体激光整形、芯片制造等领域急需，解决我国超精密机床所需的功能部件、结构件的高精度加工制造的难题，支撑我国国防、信息技术等领域的发展战略		
重点产品与任务	电子信息产品高速精密加工装备	超精密镜头加工机床；光学镜面型误差在纳米级		
		碳化硅（silicon carbide，SiC）晶圆高效高精超声波加工机床；进给分辨率达到0.1μm		
		超精密减薄磨削与抛光复合加工磨床；减薄磨削与抛光的复合，磨削后粗糙度≤0.1μm，抛光后表面粗糙度≤5nm		
		微部件多轴联动多工艺复合加工系统，五轴联动空间误差≤2μm		
	航空航天制造装备	高精度五轴联动大型龙门、桥式龙门五轴加工中心		
		五轴卧式翻板高速加工柔性生产线		
		大型碳纤维复合材料自动铺丝装备尺寸大于30 000mm×5000mm×300mm，具备球形/椭球形压力容器一体化铺放成形功能		
		10m级运载火箭贮箱搅拌摩擦焊装备		
		多材质、多能源大型构件少，无变形焊/连接装备：直径3~9m，总长30~100m火箭总装对接		
		大型金属复杂构件增减材复合制造成套装备		
	船舶及海洋工程关键制造装备	精密五坐标数控镗床		
		五轴数控龙门式水切割机		
		船舶及海工高强钢板平面及曲面智能化分段流水线，实现智能化加工		
		深海工作站大型钛合金高效制造成套装备		
		大型舰船螺旋桨加工成套制造装备		

续表

里程碑	子里程碑	2025年	2030年	2035年
重点产品与任务	新能源汽车制造装备		高可靠性双主轴卧式加工中心：平均无故障工作时间（mean time between failures，MTBF）≥6000h，临界机器能力指数（machine capability index，CMK）≥1.67，平均修复时间（mean time to repair，MTTR）≥20min	
			精密高速磨齿机：MTBF≥6000h，CMK≥1.67，MTTR≥20min	
		汽车发动机/变速箱等高效加工/近净成形装备及成组工艺生产线		
			轻量化异种材质混合车身、伺服冲压/模压成形/焊接/涂装装备	
	轨道交通装备关键零部件成套加工装备		铝镁合金/不锈钢车体基于国产10kW以上激光器的智能激光焊接成套装备	
			350~600km时速高铁重载齿轮箱精密加工及热成型成套装备	
			联合生产线高速铁路轴承自动化热处理	
				复合材料车身、转向架等关键件成形成套装备
	关键功能部件		高精、高速、高强度、长寿命机床主轴轴承、丝杠副轴承、转台轴承：轴承产品精度等级达到P2以上，主轴轴承精度等级达到P4以上	
			超高速、超高加速度高性能滚珠丝杠副及军用高可靠性、特殊工况滚珠丝杠副：最大长径比为50的大导程系列滚珠丝杠副，微型滚珠丝杠副	
			超高速、大功率智能电主轴：20 000~60 000r/min，功率5~100kW	
				高精度光栅尺及制造装备
			超精密、精密回转工作台、双摆动力头、摆转工作台	
	数控系统		多轴、多通道，具有高负载特性、热补偿、振动抑制功能，具有自监控、维护、优化、重组等功能的高性能智能型数控系统	
			提供标准化基础平台，具有标准接口、模块化、可移植性、可扩展性及可互换性、安全保密等功能的开放型数控系统	
				基于国产芯片的自主可控高档数控系统
关键共性技术				超精密机床正向设计技术，数控机床数字孪生技术与自主仿真软件
			空间几何误差补偿技术、动态精度检测技术	
				在线精密测量技术，基于零件特征的智能工艺规划技术
				机床可靠性与精度保持性技术
				数控机床智能使能技术（智能制造网络、自学习、自诊断，机床健康保障等）
				智能刀具，精密、超精密切削技术
战略支撑保障				坚持国家战略，业主牵头，接续实施“高档数控机床与基础制造装备”科技重大专项、加速“卡脖子”及短板装备的攻关，体现国家意志
				加快建设国家制造技术研究院，填补国家制造共性技术研究、供给与推广应用机构的空白，推进基础制造共性技术短板攻关，加速原创性及颠覆性制造技术研发
				推进军民融合，加速推进创新突破与产业化应用，加强与国家重大专项、重大工程的高端机床与基础装备需求衔接，布局重点攻关任务；加强与各类科技计划的有效衔接、协同攻关，加快实现“卡脖子”、短板技术与装备的创新突破

表 4-5　增材制造装备领域中长期发展路线

里程碑	子里程碑	2025年	2030年	2035年
目标	总体目标	增材制造技术成为航空航天等领域装备开发的主流制造技术，并显著影响汽车、无人机等工业产品设计和个人消费品的制造模式。我国形成完整的增材制造产业链，整体技术水平达到国际先进水平	增材制造技术在飞机、运载火箭、船舶、核电等领域的装备制造开展规模化应用。我国增材制造技术形成具有国际竞争优势的完整产业链，在装备研发与生产、适用材料和高尖端领域应用方面与美国并驾齐驱。在材料基因组研发、产品与装备大规模跨越性创新、医疗和生命科学方面形成重大效益，成为制造业异军突起的重要领地	
		掌握高性能大型复杂整体关键构件增材制造变形开裂预防、力学性能提升、服役耐久性控制、大型装备研发、标准体系建立等关键技术，实现其在飞机、航空发动机、导弹、卫星、船舶、轨道交通等重大设备中的规模化应用		
	子目标	初步实现复合材料增材制造的规模化产业结构，在树脂基、金属基、陶瓷基等复合材料打印方面都有一定的技术储备和工程应用，特别在航天方面能够实现常规复合材料的代替化，满足苛刻运行条件下复合材料制备	实现复合材料增材制造技术突破，在材料工艺控制、低成本、材料质量可靠性等方面基本成熟，成为复合材料制备方法中的重要手段，并在汽车、船舶、飞机载人器件上有大量应用，极大地扩大复合材料的应用范围和提高其可靠性	
		建立微纳增材制造材料体系，通过扩展现有增材制造的制造精度至微纳尺度及将现有平面微纳制造技术融入三维增材制造思想，发展新型微纳增材制造技术，提高微纳增材制造精度、制备性能	满足新器件、新材料、新能源等领域对微纳3D打印的需求，实现微纳3D打印在国防、通信能源、航空航天、智能传感器、高清显示、生物医疗等众多领域应用	
		突破太空微重力、大温变、强辐射和高真空等极端环境下增材制造关键工艺技术，探索开发适合太空增材制造的专有材料体系，研制太空增材制造打印专用设备	探索太空超大装备的在轨制造与原位修复，实现地面大型装备的太空制造突破性进展；探索利用地外材料开展原位增材制造	
		初步建立4D、5D打印技术材料与工艺体系，研究4D、5D打印的相关核心科学问题与关键技术，探索4D、5D打印技术从实验室走向示范应用	完善我国4D、5D打印技术材料与工艺体系，探索4D、5D打印技术环境自适应，以及结构健康监测、柔性机械、自执行系统等领域的大范围工程化应用，并以此为契机，促进传统制造业进行创新变革与新型应用	
		实现个性化非活性增材制造医疗产品的规模化临床应用，增材制造的可降解组织支架、活性简单组织进入临床试验阶段，复杂细胞、器官打印模型应用于新药研发领域	阐明微观结构与组织转化再生的关系，攻克多材料、多结构、多尺度、多细胞生物增材制造的工艺与装备瓶颈，增材制造血管支架进入动物实验阶段，发展精确化、智能化生物增材制造技术，探索组织与神经复合再生难题，发展体内增材制造技术	

续表

里程碑	子里程碑	2025年	2030年	2035年
需求		空天海及核工业等领域装备的高性能构件多服役于苛刻环境或极端工况，一般具有超高承载、极端耐热、超高精度、超轻量化和高可靠性等要求。针对高性能构件的材料–结构一体化设计，突破制备工艺约束，结构控形、控性是增材制造领域的重要需求		
		航空航天、汽车产品为实现轻量化和高性能化，复合材料和复合结构是重大需求。采用增材制造技术进行复合材料与复合结构的制备，有利于实现方向性强化、局部增强、粒子弥散、多层复合等。复合材料与复合结构的增材制造可以实现材料性能的取长补短和功能协同，这也是高性能新材料发展的重要方向之一		
		微纳尺度增材制造在复杂三维微纳结构、高深宽比微纳结构和复合（多材料）微纳结构制造方面具有很高的潜能和突出优势，因此在微纳机电系统、生物医疗、组织工程、新材料、新能源（太阳能电池、微型燃料电池等）、高清显示、微流控器件、微纳光学器件、微纳传感器、微纳电子、生物芯片、光电子和印刷电子等诸多领域对于微纳增材制造有着巨大的产业需求		
		长期在轨居留的物资和生命保障、空间应用设施（卫星）的建造、太阳系内星球探索基地建设和运行，很大程度依赖于高效、可靠、低成本的太空制造，太空增材制造有微重力、高度真空、廉价太阳能等制造优势，从而可以克服现有地球火箭运载方式在载重、体积、成本上对空间探索活动的限制。地外材料原位制造、地面装备的太空增材制造等具有重要的经济、军事和科学探测价值		
		智能构件的材料–结构–功能一体化4D打印已成为增材制造技术的重要发展方向，在航空航天、汽车、生物医疗和软体机器人等领域具备广阔的应用前景。5D打印在4D打印的基础上增加了更为重要的功能再生维度，可以实现形状–性能–功能–生命一体化的制造，为定制化制造功能器官组织、低能耗、柔性自由驱动和类人智能技术提供新方向		
		生命与健康成为人类的最大需求，人体组织与器官缺损对现在的医疗修复技术提出了巨大挑战。生物增材制造技术与装备作为实现个性化医疗修复的重要技术手段，有望实现生命体的工程化制造，因而成为各国竞相发展的前沿制造技术。生物增材制造技术的创新与跨代突破是满足人类生命健康巨大需求的重要保障		
重点任务与关键技术	增材制造材料基因组	高通量集成建模、仿真计算与材料设计平台		
		基于材料基因组织的创新材料体系与增材制造材料制备		
		有机聚合物电介质、高强度、轻质结构材料等增材制造性能数据库建设		
		全新材料体系的增材制造控形控性技术		
	金属基复合材料增材制造	异种金属材料原位增材制造技术		
		金属及氧化物、碳化物、氮化物、硼化物颗粒、纤维等增强体的复合增材制造技术		
		建立金属基复合材料增强体的物理性能、化学性能、晶体结构、表面能等数据库，对基体成分、界面结构、增强体分布构型等进行仿真计算		
		低成本、高效、低消耗的超常性能金属基复合材料制备技术与装备研发		
	树脂基复合材料增材制造	高性能连续纤维增强树脂基复合材料的增材制造技术与装备研发		高性能树脂基复合材料增材制造工程应用与评价技术，智能复合材料增材制造技术
		大型、超大型短切纤维树脂基复合材料增材制造技术与装备研发		
		多尺度构型–多材料融合的多功能结构的增材制造技术与在线检测技术		

续表

里程碑	子里程碑	2025年	2030年	2035年
重点任务与关键技术	陶瓷基复合材料增材制造	适应于增材制造的新型陶瓷基复合材料成分设计、成形工艺与装备技术		高性能陶瓷基复合材料增材制造工程应用与评价技术，智能复合材料增材制造技术
		个性化生物活性陶瓷材料增材制造工艺		
		大尺寸、超高强度、多种材料混合的陶瓷基复合材料构件的增材制造技术		
	微纳增材制造	面向微纳尺度增材制造的喷头设计和制造技术、驱动控制技术、喷射成形技术		微纳增材制造技术工程化应用及功能评价
		大面积宏/微/纳跨尺度增材制造技术		
		工业级高精度、高效微纳尺度增材制造技术与装备		
		柔性电子器件、基于微电子系统传感器、芯片增材制造技术		
	太空增材制造	人工建设或改造的模拟空间环境下的增材制造技术与装备		
			空间站舱内原位修复、制造技术，适应于空间暴露环境的多材料成形工艺与装备	
			地外材料原位增材制造技术，空间废弃物利用再造技术	
			空间站超大型装备在轨制造技术	
	智能材料增材制造（4D、5D打印）	新型驱动模式的智能材料及仿真模拟软件开发		
		智能结构感知与驱动的自动控制系统的设计与增材制造技术		
			大尺寸智能材料多功能结构的增材制造技术、装备及应用	
	生物增材制造	个性化假体设计与制造、高生物相容性材料骨替代物、植入物个性化制造		
		生物相容性高、可降解的组织工程支架个性化制造		
		单细胞微纳跨尺度建模与组装和多尺度、多组织的生物3D打印高效调控技术		
		活体组织、器官个性化制造及功能再生		
	工艺复合型增材制造	增减材复合、减增材复合、增增材复合等增材复合工艺技术与装备		
		多材料、多尺度、多工艺复合制备工艺技术与装备		
关键共性技术		激光束、电子束、电弧等能量发生器、整形器，以及阵列式增材制造打印喷头与关键元器件		
		在线检测与智能控制技术与系统平台		
		多尺度、复合材料、复杂结构增材制造过程质量控制技术		
		基于增材制造过程的数字孪生技术		
		基于增材制造的设计方法及软件技术		
		高效、低成本增材制造工艺、材料、装备、流程、应用技术		
		工艺标准、材料制备标准、技术应用标准		

续表

里程碑	子里程碑	2025年	2030年	2035年
基础研究		增材制造材料基因组成-结构-性能的构效映射机理		
		增材制造过程热-力耦合行为、组织结构与力学关系表征及缺陷产生机理		
		多元金属材料力学与功能设计及其拓扑结构的增材制造控形控性基础		
		宏观结构力学性能与复合材料细观结构一体化设计、制造工艺的匹配规律		
		界面相物理成分、性能、载荷传递机理的研究		
		金属强非平衡态凝固动力学与性能演化机制		
		材料多尺度增韧机理		
		异质材料微观界面强非平衡态应力应变及局部能场调控机理		
		高效、低成本、高精度微纳增材制造的机理研究（微立体光刻、双光子光刻、微激光烧结、电化学沉积、电喷印等增材制造基础研究）		
		微纳增材制造材料的组分与性能的复合表征技术研究		
		微纳尺度效应下增材制造工艺的控形、控性机理研究		
		太空极端环境增材制造设备的设计准则与工作机理		
		太空极端环境对增材制造工艺及其组织性能的影响		
		地外新材料组织性能及控形、控性机理		
		增材制造生物组织的功能再生调控与相融匹配性设计机理		
		复杂器官增材制造的血管化机理与调控机理		
		增材制造智能传感支架脑机融合行为研究		

4.3 民生装备领域中长期发展路线研究

4.3.1 农业装备领域中长期发展路线研究

1. 发展目标

立足实现农业机械化和农业装备产业转型升级，满足高质、高效的现代农业发展需求，着力向高效化、智能化、网联化、绿色化发展。到2025年，成为世界最大的农业装备制造和使用国家，农作物耕种收综合机械化率达到75%；全面掌握关键核心零部件制造和整机可靠性技术，主要农机装备产品质量可靠性达到世界先进水平；农业装备品类基本齐全，高端产品占比达到30%，产品和技术供给基本满足需要，1～2 家企业进入世界先进水平行列；形成智能技术及产品全面创新能力，以智能装备、智能管理服务为核心的智能农业生产实现示范应用。

2030 年，产业规模稳居世界首位，迈入农业装备制造强国行列，农作物耕种收综合机械化率超过 80%；产品质量可靠性水平达到世界先进水平；形成以智能装备为主导的产品格局，产品品种达到 5000 种以上，满足全程全面机械化、智能化需求，1～2 家企业进入世界前列；构建以自主创新为核心的技术创新体系，形成新一代智能农业装备技术、产品、服务体系，创新能力基本达到先进国家水平。

2. 重点任务

重点发展粮、棉、油、糖等大宗粮食和战略性经济作物育、耕、种、管、收、运、储等，以及养殖、农产品加工主要生产过程使用的装备，如新型农用动力机械、精量施肥播种机械、高速栽植机械、高效田间管理机械、智能收获机械、种子繁育与加工机械、节能保质运储机械、畜禽养殖机械、农产品加工机械等设备。研究农用柴油机电控系统，液压全悬浮转向驱动桥、无级变速器（continuously variable transmission，CVT），电液悬挂系统、基于控制器局域网络（controller area network，CAN）总线控制电液传动及智能控制系统，育、耕、种、管、收、运、储以及养殖用专用传感器及智能仪表，农业机械导航定位装置、变量精量智能控制系统及装置、自走式农机无人作业系统等导航与智能化控制作业装置的关键零部件及系统、整机的自主化，从而满足产业发展的需求，推动农业装备产业升级。

农业装备领域中长期发展路线如表 4-6 所示。

表 4-6　农业装备领域中长期发展路线

里程碑	子里程碑	2025年	2030年
需求		创新驱动发展、乡村振兴、制造强国战略实施，构建现代化经济体系，推进新型工业化、信息化、城镇化、农业农村现代化同步发展	
		转变农业发展方式，实现一、二、三产业融合发展，推进供给侧结构性改革，实现农业机械化和农业装备产业转型升级，走中国特色农业机械化、智能化道路	
		信息、生物、新材料、新能源等技术广泛渗透，农业装备迫切需要增强基础、提升水平、完善功能、增加品种、拓展领域，并向高效化、智能化、网联化、绿色化发展，实现产业自主可控、安全高效发展	
目标	规模发展	成为世界最大的农业装备制造和使用国家，农作物耕种收综合机械化率达到75%	产业规模稳居世界首位，农作物耕种收综合机械化率超过80%
	质量效益	主要农机装备产品质量可靠性达到世界先进水平	产品质量可靠性达到世界先进水平
	结构优化	农业装备品类基本齐全，高端产品占比达到30%，产品和技术供给基本满足需要，1~2家企业进入世界先进水平行列	以智能装备为主导，产品品种5000种以上，满足机械化、智能化发展需求，1~2家企业进入世界前列

续表

里程碑	子里程碑	2025年	2030年
目标	持续发展	形成智能技术及产品全面创新能力	构建以自主创新为核心的技术创新体系
		以智能装备、智能管理服务为核心的智能农业生产实现示范应用	形成新一代智能农业装备技术、产品、服务体系
重点产品	新型农用动力机械	147kW及以上、8速及以上大型动力换挡、无级变速拖拉机产业化	无人驾驶大型拖拉机产业应用
		18kW及以上电动拖拉机产业化	
	精量施肥播种机械	大载荷农用无人机动力平台产业化，配套作业系统完善	
		稻麦精量施肥播种机产业化	稻麦、玉米、大豆、蔬菜等智能施肥播种机产业应用
		玉米、大豆、蔬菜等精量施肥播种机产业化	
	高速栽植机械	具备肥量及作业调节功能的高速水稻插秧机产业化	
		具备作业测控的全自动高速移栽机产业化	
	高效田间管理机械	大中型高地隙自走喷杆喷雾机产业化	对象精准识别、水肥药精量调控、装备智能控制、自动无人作业产业应用
		轻型水田自走喷杆喷雾机产业化	
		智能大型喷灌机组产业化	
	智能收获机械	大型智能化谷物联合收割机产业化	谷物联合收割机智能化应用，产业化
		大型采棉机产业化	采收及打包一体智能采棉机产业化
		大型玉米籽粒、甘蔗、油菜、秸秆及饲草料收获机产业化	玉米籽粒、甘蔗、油菜、饲草料收获机智能化应用，产业化
	种子繁育与加工机械	精细种床整备、去雄授粉机械产业化	种床整备、播种、去雄授粉、高净度收获机智能化应用，产业化
		精量交错播种、高净度收获机械产业化	
		智能考种、精细分选、计数包装与溯源设备、活性和健康检测产业化	种子干燥、分选、包装、溯源等智能加工成套设备产业应用
		高通量植物表型平台应用	
	节能保质运储机械	粮食、果蔬智能干燥设备产业化	
		粮食、果蔬、畜禽及水产品等智能控温控湿运储设备产业化	农产品储运环境调控、微生物滋生控制等智能运储设备应用

续表

里程碑	子里程碑	2025年	2030年
重点产品	畜禽养殖机械	环境精准调控、个体精准饲喂设备普遍应用	智能设施、饲喂、行为监测、环境调控等智能设备产业应用，构建智能牧场
		畜产品采集智能化设备普遍应用	挤奶机器人等产业应用
		畜禽粪便及病死畜禽无害化处理智能化设备普遍应用	
	农产品加工机械	谷物及油料自动化、智能化加工成套设备产业化	谷物、果蔬等品质检测、分选分级、包装、溯源等智能成套设备产业应用
		果蔬及中药材产地预冷、高效清选、规格切制、分等分级、自动包装等设备产业化	
		50 000枚/h及以上禽蛋检测分级包装设备研发及应用	80 000枚/h及以上禽蛋检测分级包装设备研发及应用
		牛羊屠宰自动化设备产业化，畜禽肉品分割机器人实现应用	畜类屠宰、畜禽肉品分割、水产品剥制、乳制品灌装，以及分级、包装、溯源等智能设备产业应用
		畜禽肉品分割、水产品剥制自动化设备产业化	
核心零部件	农用柴油机	排放达非道路移动机械国四及以上标准	
		电控系统等关键部件及系统、整机自主化	满足大型拖拉机、联合收获机等配套需要
	电液传动及控制系统	大型拖拉机、联合收获机液压全悬浮转向驱动桥国产化开发	
		总线控制的智能电液悬挂系统国产化开发	
		动力换挡变速箱系列化、国产化	无级变速器系列化、国产化
	专用传感器及仪表	施肥播种机械作业深度、播种量及漏播检测传感器产业应用	
		植保机械喷量、压力、喷洒面积等检测传感器产业应用	
		收获机械损失、籽粒破碎、产量流量和谷物水分等检测传感器产业应用	
			土壤质构、综合肥力，动植物生理、生长信息，农田及设施环境等检测传感器产业应用
	导航及智能化控制作业装置	农业机械导航定位装置产业应用	
		农业机械作业对象视觉跟踪装置产业应用	
		栽植、播种、施肥、灌溉、施药变量精量智能控制系统及装置产业应用	
		自走式农机无人作业系统应用	自主智能农机控制系统试验应用

续表

里程碑	子里程碑	2025年	2030年
关键共性技术			农业机械数字化建模、虚拟设计、动态仿真验证等技术，作业载荷、失效特征等检测、可靠性试验等技术，关键零部件标准验证技术
		自走式农机无级变速传动技术	
			电动、太阳能、氢能等独立或混合新型动力系统应用技术
			土壤、动植物、环境等信息感知技术
			农机工况检测与参数智能调控、高精度导航及定位技术
		整地、栽种、植保、收获等作业智能监控技术	
			智能农业机器人技术
			自主作业、多机协同、智能决策、故障诊断、远程运维等农机智能作业技术
			高速种植、节水灌溉、水肥一体化、低损收获及精细饲养等高效绿色农业机械化技术、体系及模式
关键材料			球墨铸铁、硼钢等高性能铸造在土壤耕作工作部件、切割刀片铸造中广泛应用
			碳化铬、碳化钨、高铬合金、锌铝合金等堆焊及涂层材料，以及高强度耐磨橡塑材料在土壤耕作工具部件、收割机械切割刀片、采棉指与脱棉盘、离合器活塞等强化耐磨延寿材料中广泛应用
关键制造及检测装备			变速箱、传动箱等复杂部件智能化、绿色化制造装备
		联合收割机底盘、脱粒滚筒等自动焊接及质量检测设备	
			土壤工作、采收作业等关键部件通过智能冲压、模压成型、增材制造、表面工程等成套设备制造
			农机电液控制单元与系统、整机出厂质量在线检测系统产业应用
战略支持与保障		建立国家农业装备技术创新中心	构建适应国情、立足产业、协同高效、支撑发展的农业装备产业技术创新体系
			实施农业装备发展行动，推进新一代人工智能技术在农业装备中的应用及产业化开发，推进企业“两化”，发展智能制造、绿色制造、服务型制造，发展产业金融服务，支持产业链、供应链稳定发展
			实施全程全面机械化、智能化推进行动，加强薄弱环节生产全程机械化解决方案集成，支持智能农机装备研发成果应用示范和推广，探索建立“企业+合作社+基地”的农机产品研发、生产、推广新模式

4.3.2 纺织装备领域中长期发展路线研究

1. 发展目标

纺织产业是我国重要的民生产业和具有国际竞争优势的产业，重点围绕纺织纤维新材料、纺织绿色加工、先进纺织制品和纺织智能制造与装备等方面发展。

纺织纤维新材料方面，2025 年，基础纤维材料总体水平和战略纤维材料规模化制备技术接近国际先进水平，建立废旧纺织品资源化分级分类标准评价体系，攻克聚酰胺及改性聚酯纤维等熔体直纺关键技术，重点前沿纤维材料实现规模化生产。2030 年，基础纤维材料、战略纤维材料和前沿纤维材料规模化制备技术达到国际同等水平，实现废旧纺织品的高效循环利用，形成多个系列化纤维及制品回收利用产业化基地和纤维应用产品体系。

纺织绿色加工方面，2025 年，突破绿色纤维油剂助剂及催化剂、环保型 PVA 替代浆料、绿色表面活性剂、分散染料、活性染料、纳米涂料和功能整理剂等绿色化学品制备关键技术，研发高效、低耗及短流程和非水介质印染技术，初步建立纺织绿色制造标准体系。2030 年，生物基表面活性剂、生物源半合成染料和功能整理剂达到国际领先水平，低成本高回用率废水深度处理技术实现推广，低温染整工艺成为主流工艺，纺织绿色制造标准体系完善。

先进纺织制品方面，2025 年，高品质纺织消费品、功能纺织消费品、个体防护医卫用纺织品、智能纺织品、工业用纺织品和战略新材料纺织品等实现突破，适应不断升级的居民消费需求，基本能够满足下游应用市场需要。2030 年，高品质纺织消费品、功能纺织消费品和智能纺织品品质大幅提升，个体防护医卫用纺织品、工业用纺织品和战略新材料纺织品形成分级体系化，建立相对完善的生产制造标准、设计规范和检测认证体系，部分重点产品达到国际领先水平。

纺织智能制造与装备方面，2025 年，基于大数据、人工智能和工业互联网平台等新一代信息技术，实现纺织生产的自动化、数字化和网络化制造，研发短流程等纺织装备，建立包括纺织行业各细分领域的智能制造标准体系。2030 年，建立并推广基于新一代信息技术的纺织智能工厂，智能检测系统、关键纺织智能装备及零部件和纺织专用机器人等实现产业化，网络协同制造、大规模个性化定制和纺织装备远程运维等纺织智能制造新模式基本实现全面应用，建成完善的纺织行业智能制造标准体系。

2. 重点任务

开发个性化、时尚创意纺织产品，工厂化养蚕蚕丝和改良山羊绒纤维等高品质纺织消费品；重点发展舒适、卫生、保健和易护理等单功能及多功能复合产品。

开发吸湿排汗、单向导湿、防皱免烫、透气、保暖、凉感、阻燃、抗静电、防紫外线、抑菌抗菌、防水、防污和自清洁等功能纺织消费品；重点发展疫情防护、化学防护、阻燃电弧防护、核沾染防护和防刺防割等防护类纺织基制品，发展具有良好抗菌、高吸水、高保形和防水透气性能的个人卫生护理制品，研发纺织基医用人体器官管道材料、手术缝合线和功能敷料等高端医用纺织材料及制品；研究特种纤维在智能纺织品中的应用，研发具有感温、感光、检测等功能的智能可穿戴纺织品和健康睡眠等智能纺织品；重点发展土工建筑材料、应急救援用产品、海洋工程用产品及工业过滤用产品等工业用纺织品；重点发展纺织基增强复合材料、纺织基电池隔膜、膜结构及囊体蒙皮材料、高性能纤维基复杂异型材、碳纤维预浸料、碳/碳复合材料、轻量化防爆材料、陶瓷基复合材料及复合材料的专用树脂和助剂等战略新材料纺织。

纺织装备领域中长期发展路线如表 4-7 所示。

表 4-7 纺织装备领域中长期发展路线

里程碑	子里程碑	2025年	2030年
需求	纺织纤维新材料	功能纤维、生物基纤维、废旧纺织品再生循环和高性能纤维等需求迫切	
	纺织绿色加工	绿色化学品、部分高档面料用染料、特殊功能整理助剂等需求迫切，高效低耗、短流程、非水介质印染技术亟须提升	
	先进纺织制品	高品质纺织消费品、功能纺织消费品、个体防护医卫用纺织品、智能纺织品、工业用纺织品和战略新材料纺织品中的重点高端产品需求迫切	
	纺织智能制造与装备	纺织智能工厂/车间、纺织智能检测技术与系统、纺织生产专用制造执行系统、短流程等纺织装备、关键基础零部件和关键工艺机器人等需求迫切，智能纺织装备相关基础理论研究和跨领域交叉研究能力亟须提升	
目标	纺织纤维新材料	基础纤维材料总体水平和战略纤维材料规模化制备技术接近国际先进水平，建立废旧纺织品资源化分级分类标准评价体系，攻克聚酰胺及改性聚酯纤维等熔体直纺关键技术，重点前沿纤维材料实现规模化生产	基础纤维材料、战略纤维材料和前沿纤维材料规模化制备技术达到国际同等水平，实现废旧纺织品的高效循环利用，形成多个系列化纤维及制品回收利用产业化基地和纤维应用产品体系
	纺织绿色加工	突破绿色纤维油剂助剂及催化剂、环保型PVA替代浆料、绿色表面活性剂、分散染料、活性染料、纳米涂料和功能整理剂等绿色化学品制备关键技术，研发高效、低耗及短流程和非水介质印染技术，初步建立纺织绿色制造标准体系	生物基表面活性剂、生物源半合成染料和功能整理剂达到国际领先水平，低成本高回用率废水深度处理技术实现推广，低温染整工艺成为主流工艺，纺织绿色制造标准体系完善

续表

里程碑	子里程碑			2025年	2030年
目标	先进纺织制品			高品质纺织消费品、功能纺织消费品、个体防护医卫用纺织品、智能纺织品、工业用纺织品和战略新材料纺织品等实现突破，适应不断升级的居民消费需求，基本能够满足下游应用市场需要	高品质纺织消费品、功能纺织消费品和智能纺织品品质大幅提升；个体防护医卫用纺织品、工业用纺织品和战略新材料纺织品形成分级体系化，建立相对完善的生产制造标准、设计规范和检测认证体系，部分重点产品达到国际领先水平
	纺织智能制造与装备			基于大数据、人工智能和工业互联网平台等新一代信息技术，实现纺织生产的自动化、数字化和网络化制造，研发短流程等纺织装备，建立包括纺织行业各细分领域的智能制造标准体系	建立并推广基于新一代信息技术的纺织智能工厂，智能检测系统、关键纺织智能装备及零部件和纺织专用机器人等实现产业化，网络协同制造、大规模个性化定制和纺织装备远程运维等纺织智能制造新模式基本实现全面应用，建成完善的纺织行业智能制造标准体系
发展重点	纺织纤维新材料	基础纤维材料	功能纤维	突破复合纤维、多组分纤维和纤维表面处理等关键技术，制备仿皮草、仿毛和仿蚕丝等功能高仿真纤维材料；开发多功能共混共聚、异组分异收缩和弹性等多功能纤维，制备防污耐污、柔软、吸湿、高弹和易染等舒适易护理纤维材料；攻克阻燃抗熔滴聚酯熔体直纺产业化关键技术，阻燃抗熔滴聚酰胺和高、强、长效阻燃再生纤维素纤维制备关键技术	突破极细纤维和多层复合纤维等关键技术，制备仿蝉翼、仿羽毛等功能高仿真纤维；建立舒适易护理功能纤维及制品体系；实现阻燃纤维批量化生产
			生物基纤维	攻克乳酸高效低成本制备、耐热型聚乳酸纤维制备技术和聚乳酸连续聚合直纺技术，实现聚乳酸纤维的稳定化生产与规模化应用；开发大容量和非原纤化新溶剂法纤维素纤维生产线，突破高密度纺丝、溶剂回收等关键技术，实现浆粕及溶剂国产化，实现大容量新溶剂法纤维素纤维的稳定生产；攻克生物法1,3-丙二醇纤维高纯度高收率规模化制备技术、生物基PTT纤维催化剂和PTT纤维高效连续聚合制备技术，实现PTT纤维产业链的国产化；攻克生物基PA56纤维高效连续聚合制备、高速纺丝及复合纺丝技术，实现稳定生产；突破高浓度海藻纺丝液制备及清洁纺丝，高效低成本壳聚糖提取及高效纺丝，植物蛋白、动物蛋白与纤维素复合纺丝等关键技术	建立10万t级聚乳酸纤维生产线，实现高耐热、有色等差别化聚乳酸纤维规模化生产；攻克新溶剂法纤维素纤维长丝高效制备技术，实现万吨级规模化生产；突破PTT纤维和生物基PA56纤维产业化生产技术；海藻纤维、壳聚糖纤维和蛋白复合纤维等实现产业化

续表

里程碑	子里程碑			2025年	2030年
发展重点	纺织纤维新材料	基础纤维材料	可降解纤维	攻克淀粉、秸秆和木薯等发酵单体制备关键技术，攻克PBST纤维、PBAT纤维和PHBV纤维高比例共聚及性能调控技术	实现生物可降解聚酯纤维规模化生产
			废旧纺织品纤维循环再利用	攻克废旧纺织品成分识别及资源化技术与装备，建立废旧纺织品资源化分级分类标准评价体系，建立5万t级聚酯和万吨级聚酰胺化学法再生生产线，研发天然纤维制品物理法再生专用装备与连续生产线，实现高值化、高品质利用	建立化学法再生纤维产业化生产线，聚酰胺、棉纤维再生实现产业化
			高品质高效制造	攻克聚酯共聚改性、聚酰胺共聚改性、原位功能粉体添加等熔体直纺关键技术；攻克聚烯烃闪蒸纺等关键技术	建立万吨级产业化基地，形成系列化功能聚酰胺和改性聚酯纤维新产品及制品产业化基地和专业防护纤维及应用产品体系
		战略纤维材料	碳纤维	突破T1000 级、M60J级碳纤维和48K大丝束碳纤维等产业化技术，实现原丝、碳丝、预浸布及复合材料等产业链一体化开发；研发沥青基、聚烯烃基、木质素基和环氧基酚醛树脂基等碳纤维	T1100级、M60J级等碳纤维实现国产化，大丝束碳纤维基本覆盖全规格，开发T1200级、M65J级碳纤维等新品种，满足航空航天、新能源、轨道交通、海洋工程、汽车工业和建筑工程等领域需求；沥青基、聚烯烃基、木质素基和环氧基酚醛树脂基等新型碳纤维实现规模化生产
			有机高性能纤维	突破万吨级芳纶1414连续纺丝技术；开发超高分子量聚乙烯纤维环保溶剂、无固（危）废产生的溶剂回收过滤技术，断裂强度大于45cN/dtex的产品；攻克聚酰亚胺纤维染色、防火和防核等产品设计与编织技术，满足高温防护和高温过滤等领域应用，实现高强高模聚酰亚胺纤维规模化生产；攻克PBO纤维、芳纶Ⅲ、聚芳酯液晶纤维和PEEK纤维等高性能纤维产业化技术，实现稳定生产	实现高强高模芳纶、原液着色芳纶、芳纶纸和蜂窝材料等产品规模化和稳定化生产，总体技术达到国际先进水平，满足安全防护、特种绳缆等领域需求；突破超高分子量聚乙烯连续纺丝技术，开发高浓度高速干法纺丝技术，抗蠕变、耐高温等系列纤维实现国产化，满足海洋工程、安全防护和特种绳缆等领域需求；实现聚酰亚胺纤维制备的低成本化和系列化，满足高温绝缘纸、高温过滤、轻质复合材料和航空航天服等领域需求；进一步提高PBO纤维、芳纶Ⅲ、聚芳酯液晶纤维和PEEK纤维等高性能纤维产业化水平，满足在航空航天、防核和防磁等领域的应用需求

续表

里程碑	子里程碑			2025年	2030年
发展重点	纺织纤维新材料	战略纤维材料	无机高性能纤维	实现连续玄武岩纤维均质化生产，开发规模化生产的关键技术与装备；攻克碳化硅、氧化铝、硅硼氮和氧化锆等无机高性能纤维产业化技术，实现稳定生产	攻克池窑或大组合炉制备玄武岩熔体技术，实现熔体均质化、温度均匀可控、熔体连续拉丝和降低能耗，满足建筑工程、海洋海事和轨道交通等领域需求；进一步提高碳化硅、氧化铝、硅硼氮和氧化锆等高性能纤维产业化水平，实现规模化生产，满足在航空航天、电磁屏蔽等领域的应用
		前沿纤维材料		突破静电纺丝、相分离纺丝等纳米纤维宏量稳定生产的关键技术，攻克生物发酵法制备纳米纤维长时间连续稳定生产技术；攻克光致变色、传感、能量采集转换、多重响应与驱动等生物医用纤维制备技术，实现批量生产	建立静电纺丝、相分离纺丝、低成本碳源的生物纳米纤维素等纳米纤维规模化生产与应用技术体系；建立传感、能量采集转换、多重响应与驱动等智能纤维制备工艺与装备体系，实现智能纤维产业化应用和批量生产；建立生物医用纺织材料功能检测评价体系，生物医用纤维通过临床使用验证，实现稳定生产，建立应用体系
	纺织绿色加工	绿色化学品	绿色纤维油剂助剂及催化剂	攻克纺丝油剂、纤维上浆剂、钛系催化剂、阻燃剂、生物基新单体等品质提升与绿色制造技术，开发聚酯用无锑专用催化剂，催化剂性能基本达到目前含锑催化剂的水平，并进行产业化推广	提升纤维油剂、助剂和催化剂的国产化技术水平与规模，无锑催化剂的应用比例达到40%以上
			环保型PVA替代浆料	开发易生物降解的天然高分子基浆料，研发其上浆技术，实现30%PVA浆料的替代	进一步优化浆料分子结构设计，开发配套助剂，实现70%以上PVA浆料的替代
			绿色表面活性剂	研究表面活性剂结构与其乳化、净洗、渗透、分散等性能关系，基于纺织印染工艺创新需求，开发绿色环保的表面活性剂	研究表面活性剂关键单体的生物来源或生物合成制备，实现生物基表面活性剂占比达到10%
			分散染料	开发低分散剂含量液态分散染料，提高利用率；攻关聚酯织物的前处理和染色一浴法工艺、分散/活性同浴染色工艺；开发碱性介质中高效上染分散染料，实现分散活性一浴法染色工业化应用	液态分散染料占比达到30%以上；耐碱性分散染料形成全色谱，占比超过分散染料的10%
			活性染料	研究活性基结构及数量、发色基团及助色基团结构、染料整体结构对活性染料固色效率的影响，开发高固色率活性染料	开发生物源功能单体及其规模化制备技术；开发生物源半合成高利用率染料，占比达到5%以上

续表

里程碑	子里程碑			2025年	2030年
发展重点	纺织绿色加工	绿色化学品	纳米涂料	研究涂料的超细化及其表面修饰技术，开发高牢度涂料染色印花技术并实现工业化推广	开发纳米涂料仿活性喷墨印花墨水，替代20%活性染料喷墨印花墨水
			功能整理剂	研究功能整理剂构效关系和合成制备方法，以及纺织用特殊功能整理剂主要原料的设计和制备技术接近国际同等水平	纺织用特殊功能整理剂主要原料的设计和制备技术达到国际同等水平
		高效低耗及短流程印染技术	低温节能印染新技术	研究新型模拟酶催化剂、新型结构活化剂及其协效作用机制，开发适用于针织物、筒子纱和机织物的低温前处理工艺，实现产业化生产	进一步研发新型催化剂/活化剂和新结构活性染料，实现低温前处理成为主流工艺
			分散染料免（少）水洗染色印花技术	突破低分散剂含量液态分散染料制备关键技术和高固色率染色技术，开发专用装备，实现分散染料免水洗或者少水洗染色技术，实现产业化生产	进一步开发分散染料印花糊料体系，实现分散染料的免水洗或少水洗印花
			活性染料低温无盐染色	研究织物带液率、活性染料结构及工艺条件对染色性能的影响，开发活性染料低温“潮固色”新工艺并实现工业化推广；系统研究活性染料无盐固色机理，开发纱线和散纤维的活性染料无盐染色工艺及装备，实现广泛应用	实现30%棉织物的活性染料低温无盐“潮固色”染色
			高速喷墨印花技术	研究喷墨印花专用染料和预处理化学品，织物的预处理技术，超高速喷墨印花与圆网、平网印花的高精度协同印花技术，实现高速喷墨印花，并推广应用	高速喷墨印花技术与装备达到国际同等水平
			低给液印染加工技术	研究接触式及非接触式工作液低给液均匀施加技术，接触式低给液技术替代5%传统浸轧给液技术，非接触低给液技术实现工程验证	接触式低给液技术推广比例达到25%，非接触式低给液技术实现产业化
			多组分纤维织物短流程印染技术	研究不同纤维素纤维同色染色技术、两组分纤维、三组分纤维甚至四组分纤维织物的短流程染色技术，缩短工艺流程50%以上	多组分纤维织物短流程染色技术推广比例达到40%
		非水介质印染技术		研究超临界CO_2流体中染料溶解及上染行为，聚酯纤维上的油剂及纤维中的低聚物对染料染色行为和设备沾染行为的影响，研发高品质长寿命专用染色装备，建成示范工厂；开发活性染料新介质染色技术，优选适用于活性染料染色的新型介质，研究新介质体系中活性染料的固色规律，活性染料利用率超过90%，完成工程验证示范	分散染料超临界流体染色生产规模满足市场需求，研究功能整理剂在超临界CO_2流体中的溶解及与纤维织物的作用规律，实现纺织品超临界CO_2流体功能整理的工业化；突破适用于新介质体系的全色谱活性染料制备关键技术，开发活性染料新介质染色技术专用染色装备，实现示范应用

续表

里程碑	子里程碑		2025年	2030年
发展重点	先进纺织制品	高品质纺织消费品	大部分服装和家用纺织品品质和产品性能位居国际先进水平；突破新型蚕丝、羊绒产品加工关键技术，开发高品质产品	纺织消费品品质大幅提升，形成数个有国际影响力的知名品牌；形成新型蚕丝、羊绒加工产业链
		功能纺织消费品	单功能及复合多功能纺织服装处于领先地位，阻燃等功能纺织品领域缩小与国际先进水平差距	阻燃等功能纺织品处于国际领先水平
		个体防护医卫用纺织品	补齐个体防护产品种类，提升性能指标，完善使用操作规范，基本满足各类应急突发事件的个体防护需求；个人卫生护理制品基本满足人民群众高品质生活需要；基本实现高端医用纺织材料的自主有效供给	个体防护和医卫用产品形成分级体系化，实现全维度高等级防护，建立相对完善的标准和检测认证体系，部分重点产品实现自主设计，掌握国际话语权；高端医用纺织材料及制品接近或达到国际先进水平
		智能纺织品	突破重点智能服装服饰及家用纺织品制备关键技术，初步建立相关产品的产业链	建立智能服装服饰产业链，智能服装服饰及家用纺织品质量和加工技术得到大幅提高，总体技术达到国际先进水平
		工业用纺织品	提高土工建筑材料强力、耐候性和耐化学性等性能指标，基本满足不同应用工况需要；应急救援用产品基本满足预防防护、救援处置和灾后重建等应用需求；海洋用绳缆网产品突破大直径、定伸长、高强度、耐腐蚀和高抗污等加工制备技术，满足海洋食品和海洋权益安全应用需求；高温过滤材料满足耐高温高湿、低阻和长寿命等要求，液体过滤材料满足分级精细高通量过滤要求	加强生态土工用纺织品研究，在保障工程质量的同时实现环境保护；应急救援用产品的设计、性能、检测和使用规范等达到国际先进水平；海洋用绳缆网产品技术达到国际先进水平，满足远洋捕捞、深海养殖和海上救援等领域需求；部分高温过滤材料性能达到国际领先水平，废旧过滤材料初步实现综合化利用
		战略新材料纺织品	对原料、模具、加工装备和助剂等进行攻关，加快发展产品设计及立体、异形、多层和大截面等成型加工技术，提高复合成型效率、精度和稳定性，产品性能指标基本满足航空航天、国防军工、轨道交通、高端装备和新能源等领域应用需求	初步建立智能化生产线，实现设计、加工和控制等过程智能化，大幅降低制造成本，形成完善的生产制造标准、设计规范和检测认证体系，部分产品达到国际领先水平

续表

里程碑	子里程碑		2025年	2030年
发展重点	纺织智能制造与装备	纺织智能工厂/车间	建设基于大数据、人工智能和工业互联网的化纤智能工厂，推广车间无人值守纺纱智能工厂，开发织造协同制造系统，实现织造车间的数字化和智能化，建立针织设备互联互通互操作的示范性数字化生产车间，实现印染装备互联互通与互操作和印染车间智能化，推广服装和家纺大规模个性化定制和网络协同制造新模式，构建和应用大数据服务云平台	推广化纤智能工厂和短流程纺纱智能工厂，针织数字化生产车间实现产业化应用，建立全流程机织、印染、非织造布、服装和家纺的智能工厂
		纺织智能系统与检测	开发化纤生产在线智能检测系统和智能染判系统，天然纤维及其纺纱的质量检测系统；建立基于机器视觉的织物疵点在线监测与检验系统；研发基于人工智能的印染质量检测系统；研究车间环境下机器人识别、定位与信息实时监测技术，研发纺织车间智能巡检机器人与纺织生产专用MES系统	实现纺丝生产全流程智能监测，推广织物、非织造布疵点在线检测系统，实现疵点检测等级评定，推广印染质量智能检测系统
		化纤装备	开发大容量和非原纤化新溶剂法纤维素纤维、聚乳酸纤维、大丝束碳纤维、万吨级芳纶1414纤维、超高分子量聚乙烯纤维和再生纤维等成套装备；开发大容量薄膜蒸发器、集约式高速卷绕一体机和全自动高速节能假捻变形机等关键单机，并实现产业化；开发长丝卷绕自动生头、智能铲板和自动剥丝等专用机器人，实现复合纺、高性能纤维及产业用纤维等高精度纺丝组件和高速假捻装置等关键零部件产业化	实现大容量和非原纤化新溶剂法纤维素纤维、大丝束碳纤维和再生纤维等成套装备产业化应用；化纤生产基本实现从原材料采购、生产、管理到流通的全流程智能化
		纺纱装备	实现自动络筒机的精密定长装置、捻接器、电子清纱器、槽筒、数字式高精度纱线张力器和伺服驱动送纱器等核心零部件，棉条、细纱等接头机器人的小批量应用	喷气涡流纺和全自动转杯纺等实现产业化应用，短流程纺纱智能生产线推广应用，转杯纺纱机单锭纺纱磁悬浮电机、纺杯和分梳辊等，喷气涡流纺纱机空心锭子等核心零部件实现产业化应用
		机织与准备装备	新型数字化高速无梭织机、自动穿经机等关键装备实现产业化应用；研发智能化机织及准备设备和物料自动更换与输送装备，实现织造过程的智能化控制与物料自动配送；高速开口装置等核心零部件实现产业化应用	织造车间实现由整经、浆纱、织造到验布的全流程智能化

续表

里程碑	子里程碑		2025年	2030年
发展重点	纺织智能制造与装备	针织装备	研究多针床编织、全成形编织（织可穿）与复合针技术与设备，实现横机复杂花型编织及衣物一次编织成型；研究电子横移等技术，实现经编机提花装置多功能复合、梳栉智能对位和大针距横移自动补偿等功能；适用针织圆纬机送纱带数字接口的传感器、织针等关键零部件实现产业化应用	开发基于VR技术的横机制版系统，实现客户对产品的自定义设计，织可穿产品实现产业化应用
		印染装备	开发连续式针织物印染生产线和连续式纯涤纶织物平幅印染生产线；建成全幅宽喷头高速数码喷墨印花生产线，提高喷墨印花生产速度与产量；开发印染设备通信信息模型与网关转换装置	实现物料智能化分配和自动化转运，实现多区域分布式智能染色工厂的协同控制与智能生产，完成专家共享配方数据库开发及应用验证，开发染色全流程数字孪生技术
		非织造布装备	开发宽幅高速梳理机、交叉铺网机和高速自动分切机，实现宽幅水刺非织造布成套装备的生产全流程自动化与数字化，开发宽幅湿法水刺复合成套装备；开发宽幅纺黏熔喷和双组分纺黏非织造布成套装备；开发高速宽幅针刺非织造布成套装备	宽幅高速水刺非织造布生产线实现自动分切、自动码垛和自动缠膜；医卫用纺黏熔喷非织造布成套设备、纺黏热风卫材非织造布成套设备实现产业化，宽幅高精度熔喷模头制造水平达到国际同等水平；高速宽幅针刺非织造布成套装备实现产业化
		服装和家纺装备	研究三维量体、三维设计、服装AR/VR系统、智能自动裁剪、吊挂输送、自动模板缝制和成衣物流智能配送装备与系统，实现人、机器人和缝制设备协同工作，开发智能立体仓储系统、智能自动缝制产线和智能整理整烫产线；开发立体缝制与织物拼接缝合等服装和家纺关键工艺环节机器人	实现服装和家纺制造过程智能化
		纺织成型装备	研发碳纤维多轴向经编机、民用高性能纤维复合材料自动化量产技术与装备、纺织复合材料的大尺寸异形结构件成型技术与装备和丝网成型装备等；研制特种纤维梳理成网成套设备	优化编织与复合一体化设备；实现碳/碳、陶瓷基复合材料等纤维增强成型体的智能制造

续表

里程碑	子里程碑		2025年	2030年
发展重点	纺织智能制造与装备	纺织智能制造标准体系	建立化纤、纺纱、机织、针织、印染、非织造布、服装和家纺等纺织行业各细分领域智能制造标准体系；补齐纺织生产的数据资源标准，纺织装备的互联互通和远程运维服务标准，机器视觉检测系统标准和纺织鞋服网络协同制造相关标准等	在已有基础上，不断完善纺织行业各细分领域的智能制造标准体系，进一步提高纺织智能化的水平
战略支撑与保障	加强顶层设计		联合纺织骨干企业、装备企业、行业协会、高等院校、科研院所、标准化组织以及检测机构，构建纺织行业技术协同创新体系。建设国家级纺织纤维新材料及应用、智能制造、绿色制造创新中心，建立跨学科跨领域的协同创新机制。建立纺织技术与装备的应用基础理论与共有关键技术研发平台。建设国家级企业技术中心，培育一批具有自主创新能力和核心竞争能力的科技型纺织大型企业	
	加强政策支持		国家和地方财政专项资金对纺织技术与装备的重大工程、共性技术突破、基础原材料和基础零部件研发给予支持。对采用新技术、新装备的纺织行业先进示范项目给予财税和金融政策支持。鼓励和引导企业加大研发投入，扩大研发投入加计扣除范围和比重	
	加强标准体系建设		发挥行业组织和标准化技术机构作用，搭建纺织行业的标准体系和公共服务平台，提升行业的质量管理和服务水平，提高标准运行质量。加强纺织纤维新材料、功能性纺织品、产业用纺织品、纺织智能制造等领域标准的制修订。加强标准国际合作，加快国际标准转化，积极主导和参与国际标准制修订，推动纺织优势产业技术标准成为国际标准，推动纺织标准国际互认	

注：PBO 纤维是聚对苯撑苯并二噁唑纤维[poly（p-phenylene benzobisoxazole fiber）]；PEEK 是聚醚醚酮（polyetheretherketone）；AR（augmented reality），增强现实；VR（virtual reality），虚拟现实

4.3.3 高性能医疗器械中长期发展路线研究

1. 发展目标

为提升医疗器械产业安全，突破关键技术和核心零部件，促进创新能力及制造业能力的提升，占领工业体系之间竞争的战略高地，应将发展高性能医疗器械放在更高的位置。

到 2025 年，关键技术、重大工艺、核心部件、特种材料的研究能力显著提升，依赖进口的技术或零部件可实现国产替代，全面满足产业发展需要；形

成6个产值超100亿元的产业聚集区，建设5个针对“医工结合”的协同创新中心，临床试验中心布局合理、管理完善，形成10家以上产值超100亿元的企业，10个成规模的科技成果工程化平台；形成10个国际知名品牌，在“一带一路”沿线国家建设若干集约化的采购、展销、临床培训、技术支持中心或共建园区，覆盖率达50%；针对5G技术的发展研究未来临床及个人健康的数字生态，构建相应的规范标准，在分子诊断、分子影像、超声诊断等多个方面达到国际先进。

到2030年，关键技术或零部件全面突破，部分拥有国际市场定价权，成为医疗器械工程技术创新的主导力量；形成平台支撑、科技成果转化机制健全的产业体系，形成10个以上面向不同专业技术的国际创新交流中心，开始应用基于区块链技术的知识成果交易机制，拥有最集中的国际化医疗器械创新企业和独角兽企业，创新成果输出居世界前列，成为国际医疗器械创新中心；规模以上企业普遍性地与研究单位共建研发机构，产业的质量技术、工艺、生产管理、测试技术水平跨入新的台阶，拥有10家以上世界医疗器械百强企业；产业大数据和AI能力显著提升，为专业化的技术决策及CAD、CAM提供基础性支撑，标准化柔性生产线成熟，生产走向集约化，产品质量和产业运行效率显著提升，形成具有竞争力的大数据和人工智能辅助设计、辅助生产能力，智能制造走向成熟；取得数个颠覆性医疗技术创新成果，在大型医疗影像、临床检验、先进治疗、医用材料、康复等多个领域达到工程技术一流水平。

2. 重点任务

重点发展医学影像设备、手术室与急救设备、临床检测及生理检测设备、先进治疗设备、康复设备、医用植/介入物等产品，并研发面向高性能医疗器械产业的关键共性技术及核心零部件，包括多物理场耦合仿真技术、失效模型数据库建立、可靠性验证及可靠性设计技术、适用于行业的大数据及AI技术、AI辅助设计与制造技术、面向产业的制造大数据技术及其标准，以及专用AI芯片、PET专用硅光电倍增管、医学影像专用集成电路（application specific integrated circuit，ASIC）、真空绝缘陶瓷。

高性能医疗器械领域中长期发展路线如表4-8所示。

表 4-8　高性能医疗器械领域中长期发展路线

里程碑	子里程碑	2025年	2030年
需求	医疗发展	医疗改革	
		医学进步、临床技术发展	
		全生命周期健康管理和服务（监测、评估、干预）	
	技术发展	健康互联网、大数据及人工智能技术	
		生物材料增材打印	
		机器人技术	
	国际竞争	品牌化、全球化、规模化	
		产业链发展、创新生态建设、产业安全保障	
		全方位服务模式发展及临床数据积累	
	市场		老龄化社会来临
		市场需求持续保持高速增长	
目标	构建体系	建成 10 个成规模的科技成果工程化平台	形成10个以上面向不同专业技术的国际创新交流中心
		形成 6 个产值超 100 亿元的产业聚集区	
		形成 10 家以上产值超 100 亿元的企业	
	补足短板	产业发展不存在强制约项	成为医疗器械工程技术创新的主导力量
	夯实基础	产业应用基础研究能力形成对产业、企业的支撑	关键技术、重大工艺、核心部件、特种材料的研究能力达到国际先进水平
		大数据和AI能力可基本支撑产业发展，包括AI辅助设计与制造	形成具有竞争力的大数据和人工智能辅助设计、辅助生产能力
			智能制造走向成熟
	开拓国际市场	形成10个国际知名品牌	
		在“一带一路”沿线国家建设集约化服务中心或产业园区，覆盖率达50%	

续表

里程碑	子里程碑	2025年	2030年
目标	促进融合	建设5个成规模的产学研医协同创新中心	
		健康大数据初步完成积累	
			健康大数据与AI广泛运用于临床支持、个人生活方式干预
	强化创新	在分子诊断、分子影像、超声诊断等多个方面达到国际先进	
			构建个人健康数字生态的规范标准
			在方法创新方面与先进国家差距显著缩短
重点产品	医学影像设备	多功能动态实时三维超声成像系统及光声成像系统	
		血管内超声成像系统	
		超声内窥镜	
			超高场（≥5T）磁共振系统
			基于光子计数的能谱CT
			静态CT系统
		正电子发射断层成像/核磁共振成像	
			智能X射线成像系统
			高性能DSA
			CT+DSA+多机融合诊疗系统
			远程医疗系统及医院影像AI系统
		大容量X射线管	
			高灵敏度、超低剂量X射线平板探测器
			脑卒中快速电阻抗成像及动态监测系统
	手术室与急救设备		智能微创手术机器人
			实时影像引导手术机器人
			高性能呼吸机与麻醉机
			高性能重症治疗呼吸机
			无创呼吸机

续表

里程碑	子里程碑	2025年 2030年
重点产品	手术室与急救设备	智能反馈靶控麻醉机
		外科手术PET荧光引导设备
		高性能电外科设备
		复合手术室
	临床检测及生理检测设备	心脑血管早期诊断装置
		集各种抗凝全血检测项目为一体的全自动智能化流水线产品
		全自动化生化免疫检验流水线产品
		全集成基因检测系统
		液态活检系统
		面向社区和家庭的生理、生化检测器械
		基于化学染色+半导体激光流式细胞技术的全自动血样细胞分析区
		基于核酸荧光染色的全自动血样细胞分析仪
		临床质谱检测仪及相关诊断试剂盒
	先进治疗设备	核磁共振成像/正电子发射断层成像/单光子发射计算机断层成像/计算机断层扫描、PET引导放疗加速器设备
		高精度功能干预经颅神经磁刺激设备
		离子束放射治疗设备（如质子和碳离子束治疗设备等）
		硼中子俘获放射治疗设备
		AI辅助放射治疗计划系统
	康复设备	智能化康复训练系统
		智能关节及助力系统
		防摔倒装置
		多模态动态康复评估系统

续表

里程碑	子里程碑	2025年	2030年
重点产品	康复设备	基于3D打印的个性化辅具	
		智能假肢	
		智能可穿戴康复设备	
		智能视听及言语功能代偿辅具	
		康复护理机器人	
	医用植/介入物	植入式生理、生化检测（监测）设备	
		植入式神经调控设备，心脏节律调控设备，人工耳蜗，人工心脏，人工视网膜，人工肝，人工肺，药物泵	
		生物可吸收冠状动脉药物洗脱支架及心脏封堵器	
		人工晶状体	
		介入心脏瓣膜	
		新型主动脉生物瓣膜置换系统	
		新型外周血管药物球囊导管	
		高性能骨科植/介入器械	
		人工骨与骨填充物	
关键共性技术及核心零部件	关键共性技术	多物理场耦合仿真技术、失效模型数据库建立、可靠性验证及可靠性设计技术	
		适用于行业的大数据及AI技术	
			AI辅助设计与制造技术
		面向产业的制造大数据技术及其标准	
		专用AI芯片	
		医学影像ASIC	
		PET专用硅光电倍增管	
		真空绝缘陶瓷	

续表

里程碑	子里程碑	2025年	2030年
关键共性技术及核心零部件	医学影像	超声成像系统的量化与功能成像技术（造影成像、黏弹性成像、向量血流成像、光声成像等）	
		智能化辅助诊断超声成像技术及智能应用（智能化成像、智能化工作流、智能化定量分析及辅助诊断）	
		血管内超声探头	
		超声内窥镜技术	
		超宽带单晶超声换能器	
		超声面阵探头	
		压电复合材料探头	
		低液氦预充及零挥发磁共振超导磁体技术	
		超高场MRI磁体，高温超导MRI磁体技术	
		多通道和多核高通量谱仪系统	
		多通道蜂巢射频平台技术	
		高性能梯度放大器	
		高性能宽带/窄带射频放大器	
		高性能射频收发线圈	
		超高时间分辨全数字PET探测器	
		用于大容量X射线管的高转速轴承	
		液态金属轴承和难熔金属靶盘	
		新型CT探测器	
		X射线碳纳米管	
		大功率CT高压发生器	
		CT高速滑环	
		基于平板探测器的3D重建技术	
		高灵敏、高分辨、动态平板DSA光子计数探测器	
		基于非接触磁感应电阻抗成像的高灵敏度检测技术及图像重构算法	
		基于大数据和人工智能的医学影像设备辅助诊断技术	

续表

里程碑	子里程碑	2025年　　2030年
关键共性技术及核心零部件	手术室及急救	多模态影像导航、机器人定位等技术
		无标记点手术定位技术
		颅脑血管三维高清可视化技术
		基于计算机视觉的手术智能避障技术
		基于力传感的高灵敏度感知技术
		麻醉监测技术
		智能麻醉技术
		用于呼吸机的智能通气决策技术
		医疗手术导航机器人术中协作型机械臂和智能控制器
		基于多生理参数信息反馈靶控麻醉技术
		肺部电阻抗三维实时成像技术
		低噪声、大流量、高静压医用涡轮风机
		腹腔手术机器人多自由度末端器械
		精密光学跟踪与定位装置
	临床检测及生理检测	心脑血管早期诊断及干预技术
		柔性电子和微流控芯片技术
		高性能生理信息传感器
		心电人工智能辅助诊断算法
		可穿戴检测技术
		实验室全自动化流水线核心技术
		单分子测序技术
		基于AI的细胞识别技术

续表

里程碑	子里程碑	2025年	2030年
关键共性技术及核心零部件	临床检测及生理检测	临床质谱离子透镜技术	
		高灵敏微通道平板检测器	
		高灵敏特异性荧光染料	
		高灵敏度光电倍增管	
		高性能近红外摄像系统	
		高像素、高灵敏度、高信噪比工业相机	
	先进治疗	大功率磁控管	
		加速器用栅控阴极电子枪	
		多模态影像引导、复杂调强、AI辅助放疗技术	
		六维机器人治疗床	
		支气管平滑肌射频消融导管	
	康复	智能关节及智能助力装置	
		可实现多靶点、刺激点轨迹跟踪的经颅磁刺激导航技术	
		多模态康复评估技术及多模态综合干预技术	
		高精度微型柔性传感器	
		智能感知及柔性传感技术	
		微型驱动电机	
	医用植/介入物	高密度馈通技术	
		高集成度微机电技术	
		植入级大功率、长寿命电池	
		高密度微型连接部件	

续表

里程碑	子里程碑	2025年	2030年
关键共性技术及核心零部件	医用植/介入物	导丝超滑亲水涂层技术和细芯轴研磨技术	
		人工晶状体高次非球面设计技术	
		动物源性植入材料的化学改性技术	
		3D打印技术（PEEK/钛合金）	
关键材料		超声探头晶片	
		用于 CT 检测的稀土闪烁陶瓷材料	
		用于光子计数能谱CT的室温半导体碲化镉薄膜太阳能电池/碲锌镉材料	
		用于 PET 的晶体材料	
		临床检验用相关试剂	
		长期植入级高分子材料	
		生物可降解医用高分子材料	
		瓣膜材料	
		组织诱导再生材料	
		疏水性丙烯酸酯材料	
		植入级PEEK及其衍生物材料	
		生物陶瓷	
		低温热塑材料	
		抗菌高分子材料	
		形状记忆高分子材料	
关键设备		精密飞秒激光切割机	
		高精度晶片切割机	
		等离子清洗机	

续表

里程碑	子里程碑	2025年	2030年
关键设备		派拉伦涂层设备	
		高精度3D打印机	
战略支撑与保障	强化战略研究和基础应用研究	面向未来临床与个人健康的数字生态开展场景研究	
		针对健康大数据和AI相关标准及发展路线等开展研究	
		针对数字经济时代的知识产品交易、保护、管理开展研究并试点运行	
		针对产业大数据的架构进行研究，建立并启动相应的数据积累与管理	
		鼓励企业和科研机构面向前沿技术、关键共性技术开展基础应用研究	
	鼓励融合发展	对医工结合共同开展健康大数据和AI应用予以鼓励	
		对临床、研究机构与企业共建研发机构予以鼓励	
		对跨国合作、在“一带一路”沿线国家建立集约化的服务中心、园区等予以鼓励	
		对关键技术与核心零部件的研发予以鼓励，对建立集约化、服务于关键技术与核心零部件的工程化平台、测试机构予以支持	

4.4 承压设备领域中长期发展路线研究

面向承压设备在石油化工、氢能储运、太阳能光热发电、核电、第三代半导体和海洋工程等领域的重大需求，梳理分析承压设备战略目标、关键共性技术、重点产品与任务以及重大工程建议，提出承压设备领域中长期发展路线。承压设备领域中长期发展路线如表 4-9 所示。

表 4-9 承压设备领域中长期发展路线

里程碑	2025年	2030年	2035年
战略目标	补齐工业基础短板		
	推进重大承压设备高端绿色智能化		
	我国重大承压装备设计制造能力与水平跻身国际领先行列		
重大需求	石油化工、氢能储运、太阳能光热发电、核电、第三代半导体和海洋工程		

续表

里程碑		2025年	2030年	2035年
关键共性技术	高性能钢板	开发高性能镍基材料、超级奥氏体不锈钢、高温耐热钢等		
	先进焊材及工艺	开发高性能钢板及锻件配套焊材、电弧与高能束复合焊接等先进焊接工艺		
	基础材料性能数据	建立相对完整、系统的压力容器用材料高温/低温/腐蚀等环境基础性能数据库		
	法兰密封技术	开发基于泄漏率的法兰密封技术		
	新设计理论方法	复合材料容器设计，动载荷条件容器设计等		
	设计分析软件	开发高端压力容器应力分析、传热及能效分析等成套国产设计软件、大型整体装置工艺包		
	检测及评价技术	开发极端服役环境压力容器缺陷检验检测、核电等承压设备结构完整性评价技术、超期服役与深度调峰火电机组安全保障技术、基于应变控制的长输油气管道可靠性评价方法、一体化检测技术		
重点产品与任务	石化领域装备	开发超高压聚乙烯反应器、LNG主低温换热器		
	氢燃料电池汽车储氢装备	开发70MPa级IV型瓶、52MPa储氢管束集装箱等		
		开发深冷-高压-（240℃/35MPa）气瓶、高压-固态（35MPa）气瓶等复合储氢装备等		
	太阳能光热发电装备	开发高性能储热介质与高效传热设备、熔盐储罐、熔盐换热器、高/低温回热器等核心承压设备		
	电子信息领域装备	开发氮化镓高温高压反应釜		
	海洋工程	开发适用于浮式LNG装置的微通道换热器		
	材料基因组与增材制造	开发重要承压设备及其复杂构件的增材制造工艺、调控增材制造金属材料组织-性能的热处理工艺等		
	网络协同智能工厂	构建全流程智能管理、数字化示范车间		
	智能感知实时检测远程运维	建立承压设备临界失效预测预警技术，搭建基于特征安全参量的远程运维平台		

续表

里程碑		2025年	2030年	2035年
重大工程	石化	支撑45万t/a低密度聚乙烯、单系列2000万t/a常减压等大型炼油工程建设，推广大型复杂管网智慧长输油气管道建设工程		
	氢能储运	支撑液氢、高压气氢、深冷高压储氢等不同氢能储运技术路线，推动我国氢燃料汽车产业发展		
	太阳能	建成发电功率不小于200kW的超临界CO_2太阳能热发电示范工程		
	核电	第四代核电、小型核电微型堆示范工程		
	火电	实现超超临界电站锅炉安全智慧管理工程		
	电子信息	具备合成8in（1in≈2.54cm）以上第三代半导体氮化镓单晶的能力		
	海洋工程	支撑深海载人与无人探测工程		

第5章　高端装备制造产业部分领域产业体系状况

5.1　空天海部分领域产业体系状况

空天海装备各个方面涉及面较广，考虑到面向未来产业的新技术发展方向，本章筛选了电动飞机、空间用离子推力器和海洋传感器为代表，重点分析了其技术与市场状况、产业链状况，提出了培育与发展建议。

5.1.1　电动飞机产业体系状况

1. 技术与市场状况

电动飞机是以储能装置（蓄电池、燃料电池等）给电动机供电，驱动螺旋桨、涵道风扇或其他装置产生飞行动力的飞机。在 2019 年第 53 届巴黎–布尔歇国际航空航天展览会展上，来自全球领先的七家航空制造商（空客、波音、达索、GE 航空、罗·罗、赛峰、联合技术）的首席技术官联合发布了推动航空业可持续发展的声明，其中承诺将研发全新的飞机和推进技术，加速推动航空进入“第三时代”，即电动飞机时代。据中国航空工业发展研究中心统计，截至 2019 年 10 月底，全球共有电动飞机项目约 240 项。从市场前景看，根据美国 NASA、优步、摩根士丹利等各类机构的多项分析，预计电动航空 2025 年将实现商用化，2030 年规模化应用，预计到 2035 年，包括制造、运营、载人城市交通、物流等总体市场规模将达 5000 亿～15 000 亿美元。从产品类别看，eVTOL（electric vertical takeoff and landing，电动垂直起降）机型由于其新颖的设计、与相关技术最直接的跨界应用、与空地一体化城市发展最紧密的联系，成为在研机型最多、技术发展最快、吸引投资最多的电动机型（占项目总数的 80%以上）。空客、波音、戴姆勒、大众、奥迪、保时捷、丰田、阿斯顿·马丁、吉利等多家汽车企业已经通过股权投资、技术合作等方式参与 eVTOL 项目，几十个 eVTOL 原型机/缩比验证机已开始试飞。

高安全高能量密度电能存储技术从根本上决定了飞机的续航时间、航程以及运营成本，是电动飞机的关键核心技术。与车用动力电池相比，电动飞机所使用的动力电池无论是在安全性、能量密度以及轻量化、倍率性能等方面的要求都更高，这对电池企业而言是极大的挑战。当前，电动飞机多采用三元锂离子电池，它的能量密度在 300～350Wh/kg，未来预计以每年 5%的速度缓慢提高，预计 2030 年可以达到 500 Wh/kg；但更高的能量密度预计需要新的化学介质，锂硫磺、锂金属、锂空气是不错的选择，其中锂空气电池的理论重量能量密度可以超过 10 000 Wh/kg，与航空煤油的当量能量密度基本相当。氢燃料电池也有着广阔的发展前景，它具有清洁、能量密度高（航空煤油的 3 倍，三元锂离子电池的 100 倍）、加注燃料快捷等优点，未来发展需要解决高压存储、重量、成本等问题。此外，美国 NASA 和阿贡国家实验室联合研制的纳米电燃料（nano-electrofuel，NEF）液流电池也具有相比当前锂离子电池更高的能量密度（1.5～2 倍）和安全性。预计 NEF 液流电池 2023 年能量密度可达 750 Wh/kg。国内研究方面，2019 年 10 月成功首飞的 RX4E 锐翔四座电动飞机装配了总容量近 70 kW·h 的系统动力电池装机，其电芯采用的是国内首个商业化应用的能量密度超过 300 Wh/kg 的电芯产品，在国际上处于领先水平。

目前国内主流动力锂电池的正极材料分为磷酸铁锂和三元锂两大种类。其中磷酸铁锂是目前最安全的锂离子电池正极材料，两种材料的能量密度和成本有差异，但在生产工艺流程上大致相同，区别主要体现在材料的使用和配比上不同、具体工艺参数差异较大，设备无法共线生产，且单纯改造切换产能的成本较高（三元锂材料对真空除湿等要求严格，之前的磷酸铁锂生产线基本没有除湿要求），因此多家电芯厂在产能规划中会同时布局、分别采购设备。

纵观目前的全部电动飞机项目，受限于电池技术发展，全尺寸原型机已经首飞或者产品已经交付的纯电动飞机最大起飞重量基本在 1.5 t 以内（四座以内），且能源存储绝大多数采用锂离子电池，极少数采用其他电池种类。美国 Bye 航宇公司的 eFlyer 采用锂硫电池，以色列城市航空公司的“城市鹰”、德国航空航天中心的 HY4 等采用氢燃料。其中，HY4 是世界上第一架由氢燃料电池驱动的四座客机，该飞机已于 2016 年首飞。研究团队目前正在开展新一阶段的研究工作，计划至少将燃料电池的性能提高一倍，并将氢气的存储效率提高三倍。

2. 产业链状况

就锂电池而言，中国产业链相对完整。1997 年天津力神电池股份有限公司注册成立，标志着锂离子电池国产化的开始，紧接着比亚迪股份有限公司介入锂电业务，TCL 金能电池有限公司、新能源科技有限公司(Amperex Technology Limited,

ATL)、深圳邦凯新能源股份有限公司、广东精进能源有限公司、深圳市比克动力电池有限公司等陆续成立，锂离子电池生产队伍迅速扩大。随着电池产业的集群化和规模化，材料、原材料和资源端的国产化进程也很迅猛。2002 年荣盛盟固利新能源科技股份有限公司成立，最为关键的正极材料开启了国产化进程；上海杉杉锂电材料科技有限公司的负极材料项目实现量产，标志着负极材料国产化的开始。此后，电解液、隔膜、六氟磷酸锂等材料陆续实现了国产化。其他材料方面，目前，除了软包电池的包装材料铝塑膜产业规模还比较小之外（国内铝塑膜企业所需基材目前基本上来自海外，本质上尚未实现国产化），其他材料的产业规模在全球都占据了较大份额。

3. 培育与发展建议

1）顶层规划，制定电动飞机发展技术路线图

在国家层面制订电动飞机发展战略规划，同时参考《中国制造 2025》中的电动汽车，编制电动飞机发展技术路线图。此举一方面可以引导广大企业和高校、研究院等专业机构在充分进行市场调研、审慎考虑自身条件和特点的基础上，确定发展方向和重点；另一方面也可以引导金融投资机构利用自己掌握的金融手段，支持从事研发、生产和使用技术路线图中所列产品和技术的企业与项目，引导市场和社会资源向国家的战略重点有效聚集。

2）加大研发投入，掌握电动飞机核心技术

高度重视电动飞机发展，加大研发投入，针对供电、配电、用电等环节的关键技术进行持续攻关，形成自主创新成果，做好技术储备。建议加强在电动飞机总体架构设计方面的研究。电动飞机的电力系统架构有多种，包括纯电、串联混合电、并联混合电、串联涡轮电、并联涡轮电等，国外在这方面的技术路线并没有收敛，对于哪种架构更适合什么类型的飞机也没有定论，而这恰恰是电动飞机的核心技术，建议国内在这方面开展深入研究。

作为国家级航空科研代表机构，中国航空研究院应组织国内优势力量开展关键技术研究，同时积极利用国际合作渠道，保持与国外先进电动飞机研发团队的沟通和交流，争取开展更多的国际合作。

3）加强仿真软件工具和试验设施建设

仿真是电动飞机研发的重要技术手段。目前在电力系统建模、电气特性、负载管理模拟等方面都面临较大挑战，建议加大这方面的研究力度，早日形成自主可控的电动飞机设计软件工具。此外，工欲善其事，必先利其器。NASA 在开展电动飞机关键技术研究的同时，还建立了功率等级覆盖 100 kW～24 MW 的三个不同层次的试验台（电机级、电推进系统级、整机级）。对此，我们应充分借鉴国外经验，同步规划，加快电动飞机试验设施建设步伐。

4）积极参与电动飞机标准制定

积极推动电动航空适航标准专业委员会工作，加速电动飞机中国标准制定；同时积极参与美国联邦航空管理局（Federal Aviation Administration，FAA）、欧洲航空安全局（European Aviation Safety Agency，EASA）、美国汽车工程师学会（Society of Automotive Engineers，SAE）等国家和地区组织的相关电动飞机标准编制工作，争取发出更多的中国声音，抢占电动飞机标准制高点。

5）积极培育中国电动飞机市场

鼓励有基础的地方和辽宁锐翔通用航空有限公司、广州亿航智能技术有限公司等电动飞机企业合作，开展电动飞机在飞行培训、旅游观光、客货运输等领域的运营或试点运营，积累运营数据，制定相应政策措施，构建必要基础设施，赢得公众信任，为迎接电动航空时代打好基础。

5.1.2　空间用离子推力器产业体系状况

空间用离子推力器是将电能转化为动能的电驱动航天器发动机，用来给航天器提供长距离巡航、轨道转移、位置保持或姿态控制所必需的动力。离子电推进比冲是传统化学推进的 10 倍，可以提升整星综合效益近 3 倍，单星经济效益超过 10 亿美元。国际上，空间用离子推力器工程化始于 20 世纪 60 年代，1997 年以装备 XIPS-13 离子推力器的美国波音公司 BBS-601 平台首次商业卫星应用为标志，正式开启商业化应用，2015 年，美国波音公司研制的全球首颗全电推进卫星 ABS-3A 正式入轨，将离子推力器的商业化应用推向新高度。据美国 Aerojet Rocketdyne 公司统计，截至 2018 年 8 月，全球已有 257 颗在轨卫星采用电推进技术，其中离子推力器占比约 50%。从市场前景看，根据美国 NASA、波音公司、Aerojet Rocketdyne 和 ESA 等各类机构的多个分析，预计装备离子推力器的空间电推进系统将占据高轨卫星平台的 55%。

我国于 2020 年进行了多模式可调节离子推力器的空间在轨飞行验证。其作为我国自主开发的新一代大型桁架式卫星平台的发动机标准配置，各项技术指标国际先进。另外，离子电推进也是我国东方红 4E、东方红 3B 的标准配置，我国首次小行星探测任务也采用离子推力器动力，我国航天器已经迎来电推进时代。亚太 6D 卫星是我国首颗采用离子电推进动力的出口商业卫星，已于 2020 年 7 月正式入轨。

1. 技术与市场状况

离子推力器不同工作模式可以满足不同的在轨应用任务需求，推力、比冲和寿命是其关键技术指标，决定了离子推力器的电气效率和在轨服役时间。离子推力器放电室效率与离子光学系统束流引出效率决定了推力器的总效率、推力及比冲，空心阴极和离子光学系统的寿命是决定离子推力器寿命的两大关键组件，气路电绝缘技术是保证离子推力器高压下安全可靠工作的重要手段。以上关键技术的突破，使得 XXXX-300 多模式可调离子推力器在保持推力不变的情况下，寿命从 11 000h 提升至 21 000h，提升了近一倍，比冲从 3000s 提升至 4000s，提升了 33%，工作模式从单模式升级为三模式，能同时满足地球同步轨道卫星的轨道转移和姿态保持两类任务，可实现卫星全电推进技术。

与国外口径相近同类型产品技术对标见表 5-1。

表 5-1　产品技术对标

产品代号	国别/研制单位	束径/cm	功率/W	推力/mN	比冲/s	效率/%
NSTAR	美国/NASA	30	420～2300	19～93	1814～3127	40～62
XIPS-25	美国/波音公司	25	300～4500	14～174	1610～3664	35～66
T6	英国/QinetiQ 公司	22	2430～4500	75～145	3710～4120	55～64
XXXX-300	中国/兰州空间技术物理研究所	30	500～5000	17～200	2000～4000	40～70

从技术指标对标可以看出，XXXX-300 离子推力器推力与国外同类型产品相当，比冲和效率大都略高于国外同类产品，处于国际先进水平。

XXXX-300 离子推力器产品生产涉及的工艺主要包括：金属零件切削加工、陶瓷零部件加工、焊接、热处理、特种加工、清洗、零部件检测、螺接装配、部组件测试和试验、推力器测试和试验等。目前普通金属零件切削加工、陶瓷零部件加工等常规加工采用外包形式，关键部组件加工、关键工序（如焊接等）、组件及产品的组装与测试试验全部自主可控，已建成空心阴极与离子光学系统的生产线，产能受限主要在空间环境模拟真空设备方面。由于空间环模设备投入较大，目前能够生产离子推力器的测试设备只有 7 台（套），具有年产量 10 ～15 台的小批量生产能力。

纵观全球离子推力器空间应用项目，产品已经用于商业卫星的有美国波音公司、中国兰州空间技术物理研究所；产品用于国家航天项目的有美国 NASA 和 Aerojet Rocketdyne、英国 QinetiQ 公司、德国 Airbus、法国 Ariane Group、日本 JAXA 和中国兰州空间技术物理研究所。在轨交付的航天器数量 100 余颗。目前，波音公司、Aerojet Rocketdyne、Airbus、Ariane Group、JAXA 和兰州空间技术物理研究所在研离子推力器航天器 20 余颗。

2. 产业链状况

国内离子推力器研制生产产业链完整，主要包括机械加工、特种工艺加工、原材料和元器件生产等，且已实现所有元器件、原材料国产化。目前主要受制于栅极和阴极部分耐高温、耐离子轰击材料，包括钼、钨、高纯石墨等，由于材料整体性能与国外同类材料存在差距，国产材料在离子推力器上应用时耐高温、耐溅性能较差，最终导致离子推力器长寿命实现较国外有较大差距。美国 NASA 离子推力器选用熔炼钼作为栅极材料，将栅极寿命提升到 50 000h，而国内最长的设计寿命 21 000h，最长验证 14 000h；英国 QinetiQ 公司离子推力器采用碳碳栅极，将预期寿命提高到 30　000h 以上；日本 JAXA 离子推力器采用的高纯石墨触持极阴极，地面验证寿命 45 000h，未观测到触持极磨损。

难熔金属材料和高纯石墨材料研制国内产业链齐全，包括有研科技集团有限公司、西北有色金属研究院、成都洪波新能源有限公司、成都方大炭炭复合材料股份有限公司、方大炭素新材料科技股份有限公司、厦门钨业股份有限公司等。

3. 培育与发展建议

1）顶层规划，制定我国空间电推进发展技术路线图

联合航天工程总体单位，结合航天发展国家和分领域顶层发展规划，根据航天器应用发展需求，制定我国空间电推进发展技术路线图。一方面，确定发展方向和发展重点；另一方面也可以通过支持从事研发、生产和使用技术路线图中所列产品和技术的用户，引导市场和社会资源向国家的战略重点有效聚集。

2）加强计算机仿真设计和测试自动化建设

计算机仿真设计是离子推力器研发的重要技术手段。目前基本具备放电室、栅极、空心阴极和羽流仿真能力，但模型普遍是基于二维仿真，相对三维实际存在简化，要提升模型仿真准确度，能够更大范围支持设计，有必要开发三维仿真模型，用于推力器设计和寿命预测仿真；同时，发展基于半物理仿真的自动化数据采集，用于测试试验的半物理仿真。高性能离子体推力器的研制，还要依赖大型空间环模设备支持，要加快测试系统自动化智能化改造和升级，有必要时，需要开展新的环模设备的论证与建设。

3）积极推动国内电推进行业标准建设

积极推动电推进标准专业委员会筹建工作，加快集团标准、国军标、行业标准和国家标准等论证与建设，特别是面向未来批量化应用的商业航天用离子推力器设计和验证标准，要推动标准化设计、生产，包括与航天器机械、电和热接口的兼容性标准，支持货架式产品研制生产。同时，积极参与国际标准建设。

4）加强空间电推进产业的研发投入

我国空间电推进离子推力器的应用刚刚拉开帷幕，后续产品成熟度、技术成熟度、可靠性，以及长寿命优化和应用能力仍需提升；面向未来航天任务应用的

新型电推进开发也必须加快；元器件和原材料的国产化自主可控；自动化、智能化的地面测试方法需要加强预先研究投入，以支持我国空间电推进产业后续发展。

5.1.3 海洋传感器产业体系状况

海洋传感器在海洋领域应用最为广泛，是海洋探测装备的灵魂。从遥感卫星、岸基雷达、水面船只、水下潜器、生物探测乃至海底观测网等无不是集各种传感器于一体。未来的传感器技术将向微型化、多样化以及大规模化方向发展，独立传感器数据存储能力的增强将使每一个传感器收集到更多的数据，从而提高数据收集的效率。

可见，海洋传感器处于认知海洋的最底端和经略海洋的最顶端，只有提升海洋传感器的研发和产业化能力，才能为建设海洋强国提供坚实的基础支撑。但传感器本身技术上具有一定难度，目前，我国从大型海洋工程技术装备到水下自主无人观测平台所用的传感器，约 90%为国外进口产品，部分核心传感器件被禁运，影响到我国的海洋战略安全和海洋开发。

近年来世界海洋传感器技术取得了长足的进步，进而推动海洋监（观）测技术不断向前发展。美国占据了世界物理海洋传感器技术的领导地位，技术全面领先，挪威、日本、英国、德国等国家则在某些领域有自己特长。物理海洋传感器除应用于船舶、岸基、浮标和潜标等传统平台外，已有应用于水下滑翔器、自治式潜水器（autonomous underwater vehicle，AUV）、无人船和无人机等无人移动观测平台的产品。

我国在尖端的传感技术方面，与国外先进水平差距依然巨大，而且有持续拉大的趋势。一系列制约海洋传感器技术发展的共性问题尚未攻克，如支持基于微机电系统（microelectro mechanical system，MEMS）技术的智能化传感器和可重组模块化传感器材料、海底极端环境传感器探头，基于新材料的海洋磁力与地形地貌传感器等。

1. 技术与市场状况

传感器制造行业，尤其是中高端传感器细分领域由于存在较高的技术壁垒，全球仅有少数企业具备从元件研发到应用器件开发组装的能力。目前我国传感器制造行业正朝着智能传感器方向发展，研发投入加大，但主要技术水平还停留在中低端。制造企业主要集中在长三角区域，市场集中度较高。

具体到海洋传感器，虽然我国在海底探测装备集成制造方面有了突破性的进展，但是在核心传感器方面严重依赖进口。在深海通用技术与材料方面，如浮力材料、能源供给、线缆与水密连接件、液压控制技术、水下驱动与推进单元、信号无线传输等，在探测与作业范围、精度、集成化程度，操作的灵活性、精确性和方便性，使用的稳定性和可靠性等方面，差距都还很大。这种情况制约着我国深海探测与作业装备的发展，继而影响资源勘查和开发利用活动的开展，限制了我国深海海上作业的整体水平的提高。

国际上海洋观测技术装备主要被美国、加拿大、欧洲与日本等发达海洋国家或地区垄断，其中北美占总市场份额的 76%，欧洲占 19%，亚洲仅占 5%。美国掌握有大量海洋科考设备的核心传感器技术。其中，在温盐深传感器方面，美国海鸟（Sea-Bird）公司的产品一直居于全球市场主导地位，美国洛克希德·马丁空间系统公司和日本鹤见精机（TSK）联合，垄断了投弃式剖面测量设备的市场。在潮位仪方面，美国 Aquatrak 公司的声学潮位传感器产品和 Water LOG 公司的雷达潮位传感器产品世界知名。在海流计方面，挪威安德拉（AADI）和美国 RDI、SonTek/YSI、Nortek 等公司的产品市场销量很大。在测波仪方面，美国 Endeco/YSI 公司、挪威 Fugro Oceanor 公司的测波浮标，德国 OceanWaves GmbH 公司和挪威 MIROS 公司的测波雷达占据了主要市场。

以产业标准看，与发达国家相比，我国海洋传感器发展总体处于起步阶段，缺少具备国际竞争实力的企业。我国近年开发的一些具有较高技术含量的装备，如温盐深剖面仪、海流测量剖面仪、海水元素监测仪、侧扫声呐、合成孔径成像声呐、海底地震仪等传感器，均处于试验样机阶段，尚不具备商业开发条件。

2. 产业链状况

从产业链环节来看，海洋传感器的上游产业链包括新材料、新工艺、新制造设备等，下游应用涉及各类海洋装备尤其是探测装备，涉及领域非常广。目前，海洋传感器与通用技术阻碍了海洋装备产业化进展。因为海洋传感器与通用技术处于海洋装备产业链的上游，当前国外厂商处于垄断地位，推高了我国海洋装备集成的成本，造成国产海洋装备的可靠性不如国外产品，同时在价格上相比国外产品也没有明显的优势，使得国内用户不愿意购买及使用国产海洋装备，再加上缺少供海洋仪器设备试用的公共场所，从而产业化进程举步维艰。

3. 培育与发展建议

应在重点领域超前部署，通过科学梳理、凝练与布局，加强技术团队的学科交叉与协同攻关，强化新原理、新方法创新与已有技术的完善，多项并举掌握海洋传感器科技发展主动权。

5.2 智能制造装备部分领域产业体系状况

5.2.1 电子束熔融增材制造产业体系状况

电子束熔融增材制造技术（简称电子束 3D 打印）是利用电子束在高真空环境下熔化金属粉末，通过逐层堆积成形复杂三维零件。由于采用无机械惯性磁场实现电子束高速扫描，通过电子束预热，成形的构件热应力小，直接制造高性能复杂金属构件面向工业应用，在打印难熔、脆性难加工的稀有金属材料复杂精密结构件方面优势无可替代，在航空航天发动机、飞行器、核反应、精密电子等高技术军工及其他民用相关领域均展现出广阔的应用前景。

1. 技术与市场状况

瑞典 Arcam 公司凭借其在电子枪方面的技术优势，引领了全球工业级粉末床增材制造装备的市场。2016 年美国 GE 公司全资收购 Arcam 公司后，不断加大装备、工艺和材料的研发力度。我国装备虽有十几年的发展历程，但受电子枪及其高精度扫描聚集系统等核心器件的制约，整体性能与国外存在巨大差距。

在电子束 3D 打印工艺技术研究方面，国内以天津清研智束科技有限公司和西安赛隆增材技术股份有限公司为代表，开展了大功率电子枪及其高精度扫描聚集系统的研发，范围内，实现了束斑直径≤300μm 电子束的精确扫描，在此基础上推出并销售了多种型号配置的粉末床增材制造装备，实现了钛合金和难熔金属材料的高质量成形。

在电子束 3D 打印设备方面，目前瑞典 Arcam 公司是全球较为成熟的设备生产厂商，针对不同领域该公司提供 A2、Q20（航空、航天）以及医疗 A1、Q10 系列电子束 3D 打印设备解决方案。为打破国外垄断，西北有色金属研究院最早开展电子束 3D 打印技术的研究，项目研发团队在 2007 年联合清华大学合作开发出了国内首台粉床电子束 3D 打印设备。清华大学和西北有色金属研究院先后成立了产业化企业已近实现电子束 3D 打印设备的产业化，主要技术指标已经达到 Arcam 公司 Q 系列设备水平。

在电子束 3D 打印材料及其工艺方面，目前电子束 3D 打印材料涉及钛及钛合金，不锈钢，镍基高温合金，钨、钼、钽、铌及其合金，TiAl 金属间化合物等，几乎覆盖所有金属材料体系，可实现航空航天用、生物医疗用、电子电气用、机械应用各种金属零件的打印成形，金属材料的电子束 3D 打印零件在试生产线能力方面部分已得到验证，部分已经开始低速率生产，但制造成熟度方面还有待加强。

目前电子束 3D 打印技术已到大规模工程化应用前期，市场需求迫切。随着我国大型运输机和歼 20 等新型战机、载人航天、空间站对接、绕月飞行、深空探测等重大航空航天工程的成功实施，航空航天装备向轻质化、高速化、高有效载荷、高质量、长服役寿命、重型运载等方向发展，构件结构也向着高复杂型面型腔、高精度、高性能、结构-性能一体化方向发展，为电子束 3D 打印技术进步和推广应用带来重大机遇。同时，随着我国逐步步入老龄化社会，个性化生物医疗产品有迫切需求，电子束 3D 打印迎来爆炸式发展的良好契机。预计国内在航空航天及医疗领域市场规模将达到 200 亿元以上，后续发展潜力较大。

2. 产业链状况

电子束 3D 打印行业产业链大概可分为：上游是核心硬件生产企业、辅助运行供给企业及原材料生产企业；中游是 3D 打印设备生产及打印服务配套企业；下游是 3D 打印的各大应用领域。原材料是电子束 3D 打印零件制造成本占比最大的一部分，在打印效率越来越高、规模效应越来越明显的趋势下，材料成本占比将进一步提升，3D 打印金属粉末作为产业链中最重要的一环，其国内高品质粉末提供者主要包括西安赛隆增材技术股份有限公司、中航迈特粉冶科技（北京）有限公司、飞而康快速制造科技有限责任公司等，其粉末质量指标基本已与国外没有差距，基本实现自主可控。电子束 3D 打印设备方面主要厂家包括 GE 公司旗下的 Arcam 公司、西安赛隆增材技术股份有限公司以及天津清研智束科技有限公司。其中，Arcam 公司的电子束 3D 打印设备无论从成形精度、尺寸以及稳定性应用情况方面都明显优于国内两家企业，国内西安赛隆增材技术股份有限公司，建立了能够提供原材料、设备、打印服务的全产业链，但提升空间仍旧很大，市场销售的电子束 3D 打印还是以 Arcam 公司设备为主。下游应用单位主要面向航空航天、生物医疗领域。总体而言，经历几十年的发展，电子束 3D 打印已经形成了一条完整的产业链，但是产业链成熟度还有待进一步提高。

3. 培育与发展建议

缺乏国产商品化的高性能长寿命电子枪是产业发展的瓶颈。建议加快培育国产高性能长寿命电子枪的产业化工作。

构建产学研用联合体，开展国产大尺寸电子枪装备整机研制、产品应用验证和性能提升的一条龙工作。

建议开展工艺示范应用和技术推广工作，完善相关技术规范和标准建设。

5.2.2 增减材复合制造装备产业体系状况

增材制造作为一种非常高效的制造方式，以其低成本、高效率、高精度及可实现复杂零件加工等优点，为国内外航空、航天、船舶、电力等高端装备中大型难加工金属构件的制造提供了新途径。但是，单纯的增材制造工艺在产品的几何尺寸精度和表面光洁度等方面，与数控机床的“减材加工”相比，仍然不理想。实际金属零件通过增材制造后，由于较高的尺寸精度或者表面光洁度要求，需要通过后续的数控机床进行二次加工才能达到要求。增材制造与减材制造的优缺点具有很强的互补关系。将数控加工与增材制造进行有机集成，以实现增减材制造工艺的复合，不仅能够提高生产效率，降低生产成本，拓宽产品原料加工范围，还可以减少生产过程中切削液的使用，保护环境，具有广阔的应用前景。

1. 技术与市场状况

目前,增减材复合制造装备的主要技术特点是将激光/电子束/电弧等高能束作为热源，利用高能束使到达基材表面的金属粉末或丝材快速熔化、凝固堆积成三维物体；通过切削加工刀具实时或者间隔对沉积材料进行减材加工，直接制造出高精度的复杂形状金属零件。目前增减材复合加工设备的复合制造工艺集成方式包括电弧熔丝增减材复合加工技术、激光送粉增减材复合加工技术、选择性激光熔化复合加工技术、冷喷涂的增减材复合加工和超声波增材制造等。

随着应用范围的扩大与需求的增长，增减材复合制造装备所面临的技术挑战也不断升级。增减材复合制造设备的整体机构设计，包括各功能部件的模块化设计，多末端执行器的快速更换与协同控制，3D 测量系统布置，基于同轴视觉的熔池监控与熔覆工艺闭环反馈控制软硬件设计，多维信息实时监测与数据融合以及整体机械、电气、软件的控制集成。在各个技术细分方向，国内外均有企业与研发机构开展了相当多的研制工作，目前的难点在于针对具体应用环境，设计成套方案，在系统集成上兼顾高精度与柔性化的应用要求。

集成增材制造、数控机床、在线热处理以及检测等诸多功能为一体的复合制造装备市场日趋成熟化。在国际市场上，继 DMG MORI 公司推出 LASERTEC 65 3D 和 LASERTEC 4300 3D 型增减材复合制造机床以后，相继有多个公司已推出商品化的增减材复合制造设备，包括 Hamuel Reichenbacher 公司的 HYBRID HSTM1000、MAZAK 公司的 INTEGREX i-400AM、OPTOMEC 公司的 LENS 3D Metal Hybrid、三井精机美国公司（Mitsui Seiki USA）的 Vertex55X-H 等。除 3D 打印和铣削加工功能外，已逐渐实现打印过程实时监控等保证制件性能稳定的功能。2018 年国际市场已推出集成 SLM（selective laser melting，激光选区熔化）铺粉式、LMD（laser melting deposition，激光熔化沉积技术）金属沉积增材制造与五轴机床于一体的数控装备，为增减材复合制造开拓了新的方向。

在国内市场，国产化的增减材复合制造设备也相继出现。大连三垒科技有限公司、北京北一数控机床有限公司、西安增材制造国家研究院有限公司先后推出增减材复合制造装备。其中，大连三垒科技有限公司于 2015 年底成立了 SVW80C-3D 增减材复合五轴加工中心，并于 2017 年底在五轴旋转工作台上增加空间温度调控系统，调控制件温度，提高其性能。北京北一数控机床有限公司在 2018 年的上海中国数控机床展览会展出了自动送丝式激光沉积的增减材复合机床 XKR40Hybrid。西安增材制造国家研究院有限公司面向市场需求先后推出了系列增减材制造装备，其中，LMD600 将激光送粉增材制造和五轴铣削加工技术集于一体，部分装备具备“边增材”和“边减材”增减材功能任意切换的能力，主要用于航空航天中小型复杂难加工零件，在一次装夹情况下实现复杂曲面零件（叶盘、叶轮、复杂机匣等）的高效加工。

增减材复合制造装备的主要应用领域，最典型的包括航空航天、核能、石油等。在这些领域，零件特点就是型面复杂，结构复杂，对表面质量和精度要求也比较高，采用增减材复合制造技术，可以实现增材近净成形，减材保证质量、保证加工精度，进而实现复杂零件的加工。它的目标是针对复杂零部件的研发和制造，缩短研制周期，提高贵重材料利用率，更进一步推动新产品的创新设计，包括轻量化设计、复杂型面的创新设计和多部件集成一体化的设计，最终适应于零部件不同批量的制造。针对重型运载火箭贮箱、捆绑支架等大型金属结构件制造难题，国家增材制造创新中心与西安交通大学团队利用电弧熔丝增减材一体化制造技术，制造完成了世界上首件 10m 级高强铝合金重型运载火箭连接环样件，在整体制造的工艺稳定性、精度控制及变形与应力调控等方面均实现重大技术突破。该样件重约 1t，创新采用多丝协同工艺装备，制造工艺大为简化、成本大幅降低，制造周期缩短至 1 个月。

另外，结合增减材的技术特点，高价值零部件的修复和服务将成为增减材制造装备的主要市场之一。该技术和装备也应用在增强金属结构表面性能和零部件修复缺损方面，特别是在航空发动机、水电站水轮机组零部件修复，以及模具行业的一体制造与修复等，将有很大的市场前景。

2. 产业链状况

增减材复合制造装备一经上市，便被市场看好。增减材复合制造装备产业链基于数控机床完整的产业链和增材制造产业链，具有先天的优势。在产业链上游，各类原材料基本实现了国产化，但受限于增材制造技术和产业成熟度的提高，原材料种类有待扩展。在产业链中游，增减材复合装备的核心部件，如机床、数控系统、激光器、专用电源、熔覆头、送粉器等都已实现了国产化，市场上开始出现稳定的国产品牌供应商；国产 3D 测量系统和反馈控制系统与软件也在开发进程中，针对部分应用场景已有可行的应用方案；国外主要高档 CAM 软件已开始集成具有增材制造工艺路径规划编程功能，这为推广增减材复合制造装备的应用提供保障。国产集成增减材功能的控制软件与算法多为针对成套设备的定制化产品，尚未有国内成熟独立品牌供应商。目前，较成熟的增减材复合制造系统一般以加工中心、机床、龙门框架结构为主，其特点是可以集成数控机床技术和产业优势，但不具备移动作业与复杂工况现场作业的能力。基于机器人的增减材制造设备目前在精度上尚不能达到要求，主要满足具体现场制造与修复应用需求。具备更高柔性的集成数控机床和机器人优点的增减材复合装备正处于研发与试制中。其中，各类机床、加工中心主要是较为成熟的国内供应商，机器人供应商以国外品牌为主，其余核心部件，基本为成套设备品牌制造商，已解决供应链国产化问题。在产业链下游，由于增减材复合制造工艺还处于推广阶段，尚未大规模应用，目前市场主要集中于航空航天新品研制以及民口装备的零部件修复市场。

在增减材复合制造装备方面，国内具有一定的关键基础设备自主提供能力，国内外发展水平和产业发展状况基本同步，中国增减材复合制造装备开始参与市场竞争，但国内装备制造的整体技术水平与国际最先进水平总体上还有差距。增减材制造装备国内外产业链初步建成，但尚未实现产业链规范标准化与细分领域的多元化。预测未来 5～10 年，伴随着整个增材制造产业规模的持续扩张，增减材复合制造装备将处于高速增长期，呈现加速增长态势，预计到 2035～2040 年前后，市场上将有超过 40%的数控机床集成增减材复合制造功能。

3. 培育与发展建议

建议增减材复合制造工艺推广工作，在航天和无人机领域首件研制和制造方面，开展工艺示范应用和技术推广工作，完善相关技术规范和标准建设。在职业教育领域，加强学生增减材装备操作技能培训和工艺认证能力。

加快国产原材料、高能束元器件、CAM 软件及国产整机装备的性能提升、产品试用和逐步国产替代。

5.3 承压设备部分领域产业体系状况

选取石化重大承压设备、氢能储运装备、深海承压设备等重要发展方向，分析和研究产业体系发展状况。

5.3.1　石化重大承压设备产业体系状况

总体上，我国石化领域重大承压设备设计、制造、检验和检测技术处于世界先进水平，局部存在短板。大型炼油、乙烯、化肥等成套装置大型加氢反应器、大型球形储罐、大型换热器、大型气化炉等部分关键设备成功实现了国产化，为国民经济快速发展做出了重要贡献。

1. 技术与市场状况

我国承压设备制造业技术标准体系基本建立；率先进入承压设备基于风险与寿命设计制造的新时期；深入推进承压设备的“绿色设计”与“绿色制造”；关键技术突破确保承压设备安全维护。近年来，世界石化工业向装置大型化、介质苛刻化、运行长周期方向发展，导致承压设备面临更加极端条件考验，同时煤制烯烃等新工艺不断涌现，已有设计制造技术不能适应这一工程需求，造成一些重要装备依赖进口。部分先进原材料（如镍基材料、超级奥氏体不锈钢、超级双相不锈钢、高温耐热钢、耐磨材料等）基本上由国外生产商主导。国内先进焊材在与母材性能的等效性，以及焊材的纯净度、稳定性和工艺稳健性等方面仍需要提高。与工艺密切相关的部分高端装备与技术仍依赖进口，部分重要设备受到“卡脖子”封锁。

承压设备是石化领域生产过程中的核心装备，市场规模庞大，应用极为广泛。随着世界经济形势快速变化、资源品质劣化和能源结构调整，压力容器逐渐向高温、深冷、复杂腐蚀、超大容积、超大壁厚等极端方向发展，传统压力容器设计制造与维护技术面临严峻挑战。如何研究突破极端条件重要承压设备的设计制造与维护关键技术，实现重大装备的国产化并保证其长周期安全运行，是摆在我国过程装备科技工作者面前的重要课题。

2. 产业链状况

石化重大承压设备产业涉及压力容器、换热器、气瓶，以及钢铁铸件、锻件等初级产品、紧固件、密封件等基础零部件。由于承压设备所处理的介质多为高压高温或易燃易爆，危险性极高，因此承压设备制造企业需要具备一定资质。

目前我国已能设计建造直径达 5500mm、壁厚达 352mm、重量达千吨的大型锻焊式加氢反应器。在原材料方面，中国一重集团有限公司、中国第二重型机械集团有限公司等单位已能生产高品质的加氢反应器主体材料 2.25Cr1Mo0.25V 钢及其锻件。四川西冶新材料股份有限公司等单位目前正开展焊接材料国产化研发工作，但由于国产焊材（包括焊剂、焊丝和焊带等）的焊接工艺性能较差，相应焊材仍依赖进口，主要是日本神户制钢所，此外还有奥地利奥钢联集团、法国萨福公司。反应器内构件种类多，涉及催化剂等关键材料、热电偶等传感器、工艺与结构设计上可能存在的专利技术等，目前基本上都能国产化。在设计及分析软件方面，SW6、LANSYS 等国产软件的应用已比较普及，但分析设计、流体动力学计算等仍主要依赖 ANSYS、Abaqus 等国外软件完成。在制图软件方面，国内有中望 CAD 等应用软件，但部分核心架构仍来源于美国 AUTODESK 公司。在基础制造装备方面，轧机、卷板机、焊机等生产设备已实现了国产化。在缺陷无损检测方面，目前国内广州多普勒信息科技有限公司、武汉中科创新技术股份有限公司等单位正研发超声相控阵、TOFD①检测仪器及探头，但国产设备在阵源数量、全聚焦功能、检测灵敏度、成像分辨率、微小缺陷检出能力等方面与国外产品尚存在差距，实际工程应用中仍较多使用国外 DYNARAY、M2M、OLYMPUS 等超声相控阵/TOFD 一体机应用。

总体上，国内具有相当的核心原材料和制造工艺、装备的自主生产能力，部分产品性能达到国际领先水平。产业经过并购整合调整，形成了以少数规模大实力强的企业为龙头完整的产业链。

3. 培育与发展建议

建议加快高端钢材及焊接材料的性能提升、产品试用和逐步国产替代。

建议加快国产无损检测设备在高温、大壁厚、特殊材质条件下的性能提升和应用推广。

建议关注 CAD、CAE 等工程设计和相关专业分析软件的自主研发与应用推广。

5.3.2 氢能储运装备产业体系状况

氢能系统是一个庞大且复杂的工程体系，其中氢的安全、可靠、高效储存技术是实现氢能利用的关键。储氢技术按存储原理分为物理储氢和化学储氢两大类。物理储氢包括液化储存、高压储存、低温压缩储存等；化学储氢包括金属氢化物储氢、活性炭吸附储存、碳纤维和碳纳米管储存、有机液氢化物储氢、无机物储氢等。

1. 技术与市场状况

目前，高压气态储氢是较为成熟的储氢方案。复合材料气瓶是氢气储存的关键设备，尤其是 70MPa 及以上复合材料气瓶，其具有耐高压、重量轻和储氢密度

① TOFD 是 time of flight diffraction 的缩写，是一种利用超声波衍射时间差进行检测的无损检测方法。

大等特点，是当前高压气态储氢的首选。目前，高性能绝热材料及结构轻量化设计、大容积超高压储氢压力容器、70MPa 级及以上复合材料气瓶、轻质高性能储氢材料、液氢杜瓦瓶等重大装备是未来重点的发展方向。目前市场上几乎所有的复合材料缠绕压力容器所采用的碳纤维均为进口碳纤维，主要有日本东丽、三菱、东邦和韩国晓星。

目前，美国、加拿大、日本已经实现 70MPa 储氢瓶量产。美国通用汽车公司主要通过增强碳纤维缠绕层结构，加拿大 Dynetek 公司通过改进缠绕层和过渡层技术，加强了碳纤维/树脂基体复合增强外包层的强度，均将 35MPa 储氢瓶升级为 70MPa，且已投入工业化生产，获得广泛应用。浙江大学建立了纤维全缠绕高压储氢气瓶结构-材料-工艺一体化的自适应遗传优化设计方法，成功研制了 70MPa III 型储氢气瓶。合肥通用机械研究院有限公司已研制 0.3m^3、140MPa 大容积超高压储氢容器。此外，佛吉亚斯林达安全科技（沈阳）有限公司、北京科泰克科技有限责任公司和北京天海工业有限公司也陆续研制并进行 70MPa 气瓶型式试验。北京伯肯节能科技股份有限公司旗下北京兰天达汽车清洁燃料技术有限公司突破了 70MPa 车用储系统，同济大学的 70MPa 加氢站用储氢系统项目也获得验收。

我国已具备一定氢能工业基础，全国每年氢气产能超过 2000 万 t，但生产主要依赖化石能源，消费主要作为工业原料，清洁能源制氢和氢能的能源化利用规模较小。截止到 2018 年上半年国内在运营的加氢站仅有 14 座，其中 6 座为撬装式，占世界加氢站总数的 2%。日加注量主要为 500kg 以下，且加注压力主要为 35MPa，仅新源动力股份有限公司的加氢站加注压力为 70MPa。

2. 产业链状况

我国氢能储运装备初步形成了生产供应链，但产业链不稳定且工程风险很高。在原材料方面，近两年来我国碳纤维性能稳步提升，国内多条 1000 t 级、1500 t 级的工业碳纤维生产线上线开车。但由于压力容器对碳纤维的性能稳定性要求极高，目前市场上几乎所有的复合材料缠绕压力容器所采用的碳纤维均为进口碳纤维，包括 T700、T800 等，主要有日本东丽、三菱、东邦和韩国晓星。我国在环氧树脂生产方面取得了较好的发展，开发出来的环氧树脂产品基本上能够满足市场需求，但部分高性能环氧树脂还依赖于国外供应。

在复合材料气瓶缠绕设计方面，我国暂时没有相应的商用软件，市场上应用的主流软件仍是 ANSYS、Abaqus 等，完全依赖于进口。国内哈尔滨工业大学、西安交通大学等高校牵头，自主开发了相关软件，如哈尔滨工业大学开发的缠绕线型模拟软件（Winsoft 软件）、缠绕轨迹规划软件（Simwind 软件）。在制图软件方面，国内有中望 CAD 等应用软件，但部分核心架构仍来源于美国 AUTODESK

公司。国内市场上主要采用国外商用软件，如 AutoCAD、SolidWorks 等较为普遍。

在储氢瓶铝合金内胆制造方面，对于Ⅲ型储氢瓶采用的铝合金内胆，我国具备了自主研发和生产能力，不依赖于进口。对于Ⅳ型储氢瓶采用的高密度聚乙烯（high density polyethylene，HDPE）材料，我国已具备生产能力，不需要进口。对于Ⅳ型储氢瓶采用的尼龙材料，我国虽具备了研发和生产能力，但是高性能的改性尼龙材料仍然依赖进口。对于内胆加工用旋压成型设备和滚塑成型设备，我国均可自行生产制造。

在纤维增强复合材料气瓶制造装备方面，大型、高精度的缠绕机主要来自德国考特斯等厂家。我国已经具备了产品开发能力，哈尔滨工业大学、西安交通大学、武汉理工大学、连云港唯德复合材料设备有限公司等已经开发出了系列化产品，但其核心控制系统大多采用国外数控系统，如西门子数控系统，部分设备采用国产数控系统。国产装备在产品控制精度、效率方面与国外同行相比还有待进一步提高。

在复合材料气瓶固化设备方面，我国很多企业已经具备了该产品的研发和生产能力，包括江苏四环生物制药有限公司、张家港市海星集装箱制造有限公司等企业，但是在高精度温度控制方面与国外同类产品相比还有一定差距。

在高压储氢气瓶及阀门等部件的型式试验能力方面，我国已经具备水压疲劳、爆破、跌落、枪击、火烧等相关试验能力，但最具技术难度的极限温度压力氢循环试验能力缺失。国内气瓶制造厂生产的产品需送至日本汽车研究中心、加拿大 PowerTech 等机构进行型式试验，排队周期长、试验费用高。合肥通用机械研究院有限公司于 2019 年底建成了最高试验压力 140MPa 的高压氢气循环疲劳试验系统（也是目前国内唯一建成并投入运行的试验系统），可满足 70MPa、90MPa 级储供氢系统（如气瓶、阀门等）的关键型式试验需求，为此类产品质量控制和安全监管提供了重要保障。

在复合材料气瓶检验维护相关标准方面，目前主要依赖于目视检测，亟须开发适用的无损检测技术及装备。其中相控阵超声设备，我国广州多普勒信息科技有限公司、武汉中科创新技术股份有限公司、广东汕头超声电子股份有限公司等单位正研发超声相控阵仪器及探头，但国外 DYNARAY、M2M、OLYMPUS 等仪器设备在检测灵敏度、成像分辨率、微小缺陷检出能力等方面优越性明显，我国相关检测装备对外依存度较高。另外，我国产品在信号处理软件方面相对国外较差。

3. 培育与发展建议

建议加快高性能碳纤维、Ⅳ型瓶塑料内胆改性材料、70MPa 以上瓶口组合阀、瓶口组件等关键原材料和零部件的研发及应用推广。

建议加快大容量高压Ⅳ型瓶自主设计制造技术研发与型式试验能力建设，满足氢气低成本道路运输和加氢站固定式储存需求，为解决氢气高效运输难题、推动氢能及燃料电池汽车产业健康稳步发展提供支撑。

建议加快开展复合材料储氢装备的无损检测技术及仪器设备自主研发，满足氢能装备制造过程检验和在役安全保障重大需求。

建议关注工程设计和分析软件的自主研发与应用推广。

5.3.3　深海承压设备产业体系状况

深海拥有丰富的油气、矿产、生物、化学及空间等资源，是地球上唯一未被人类充分开发利用的广阔区域，有着无限的开发潜力。美国、日本、西欧等发达国家和地区积极研发深海探测和深海资源利用技术。深海探测装备是实现深海进入、深海探测的重要工具，同时也是深海开发的重要前期支撑。深海装备在海底作业时不仅需抵抗海水腐蚀及应力腐蚀，还必须承受载荷对结构的考验及深海环境的高压强。耐压壳体作为典型的深海承压设备，是深海装备中不可或缺的重要组成部分，不仅是能保护人员安全的装置，也是各种潜器中电子设备及相机等正常工作的“防护罩”。

1. 技术与市场状况

随着深海探索的不断深入，深海空间站、深海潜器等装备对相关材料，包括各种结构材料、先进浮力材料等要求逐步提高，也促进了深海材料的不断发展。美国“海神”号深潜器可潜 11 000m，耐压壳体的材料选用氧化铝陶瓷。“海神”号有大小两种耐压壳，均采用氧化铝陶瓷/钛合金建造。其中，氧化铝陶瓷占 96%，是壳体的主要构成材料，钛合金环起到连接两个陶瓷壳体分段的作用（在使用时采用高强度的环氧胶黏合到陶瓷上）。这样设计的耐压壳在水中的重量要比采用纯钛合金制造的耐压壳轻 331kg。日本“深海 6500”载人深潜器下潜深度可达 6500m，耐压壳体为球形，采用钛合金建造，内径 2m，壳厚 73.5mm，舱内能容纳两名操作员及一名研究人员。俄罗斯的两艘“和平”号载人深潜器最大潜深均为 6000m。耐压壳球体内径为 2.1m，壁厚 50mm，可容纳一名操作员及两名观察员。该球体采用超硬马氏体时效钢合金建造，含有 30%的钴，还含有镍、铬、钛等合金元素，其强度/重量比要比钛合金高 10%。球体是用铸造和机加工获得的半球体经过螺栓连接而成的，避免了焊接接头。

深海海洋工程储运装备的材料选择及其成形技术是关键技术。综合考虑使用成本和加工难度，目前全球普遍选择不锈钢或镀层铝合金作为深海海洋工程储运装备的主材，耐压壳通常采用不锈钢。这些材料造价适中，但密度较大，极大地增加装备的整体重量，使搭载设备受限。钛合金具有密度低、强度高和耐腐蚀等优点，但价格昂贵且加工困难，难以广泛应用于深海探测装备。以碳纤维和多孔结构为特征的复合浮力材料是深海探测装备的理想材料。日本将两种不同大小的中空玻璃微球添加到环氧树脂中，融合得到高强度和低比重的复合泡沫塑料，并应用于“深海 6500”号载人潜水器。以陶瓷为基础的复合材料具有超强的耐压力和天然的耐腐蚀力，且在同等耐压条件下密度较低和体积较小，可降低材料成本和防止结构老化。美国“海神”号深海运载器即采用大量陶瓷复合材料，其耐压壳采用氧化铝陶瓷作为基材，与采用纯钛合金相比轻 331kg。“海神”号于 2009 年成功下潜至马里亚纳海沟约 11 000 m 深度，充分验证了其强大的耐压性能。

近年来，我国加快了在海洋探测开发特别是深海资源勘探方面的投入力度，围绕建设海洋强国的战略目标和“一带一路”倡议部署，我国在海洋装备领域取得了一批具有国际影响力的重大成果。以“三龙”为代表的深海运载器系列海洋探测开发装备已经初具规模，分别是以“蛟龙”号为代表的载人潜水器，以“海龙”系列为代表的深海无人有缆潜水器和以“潜龙”系列为代表的深海无人无缆自治式潜水器，未来将为我国的“深海进入，深海探测，深海开发”三部曲战略提供有力的装备支撑。

2. 产业链状况

目前，从产业链总体来看，我国初步建立了深海工程储运装备的产业链体系。在原材料方面，国内具有一定的核心原材料自主生产能力；我国深海耐压壳体特种材料产业体系已经初步形成，发展形势良好。我国材料企业中，80%～90%是传统金属类和化工类的材料企业，这两类企业市场份额最大，是材料行业的主导力量。近年来针对普通产品市场的需求下滑及对高端产品的需求提升，倒逼传统材料企业加快技术升级与改造。

在关键制造工艺与装备方面，国内企业已具有一定的关键基础设备自主提供能力，国内厂商与国外厂商存在一定的竞争关系，但国内水平与国际水平总体上还有差距。

在下游应用方面，我国深海研究领域已跨入“深海探测”阶段，提出了比“深海进入”阶段更加严格的技术要求，我国的三大系列装备贯彻了从方案论证、设计研发、设备海试到海上应用的全链条发展思路。“蛟龙”号载人潜水器已投入业务化运行；“深海勇士”号载人潜水器已进入试验性应用阶段；“海龙三号”无人有缆潜水器与“潜龙三号”无人无缆自治式潜水器已进入海上试验阶段。随着我国建设海洋强国的战略目标不断深入发展，深海空间站、深海潜器等装备对相关材料、制造技术和装备等需求的不断扩展，将促进我国深海承压设备产业快速发展。

3. 培育与发展建议

鼓励深海耐压装备企业和科研院所，针对特种壳体新材料及其制造技术进行原始创新与集成创新，重视发展新材料的智能化制造技术，攻关适应于特种新材料的增材制造等技术。加大对新材料制造设备和检测仪器的研发支持，集中力量开发深海核心装备。

第 6 章　高端装备制造产业区域布局及国际化发展战略研究

6.1　高端装备制造产业区域布局研究

我国各地区多年来发展先进制造业或新兴产业的热情很高，然而，存在的一个顽疾是新兴产业、热门产业在各地一哄而上的现象一再出现，制造业产业结构趋同化，并出现“高端产业低端化”的苗头。这导致了力量分散、重复建设、低价竞争和产能过剩等问题，严重影响了区域经济的发展。近年来，我国一些省区市在探索本地区装备制造业发展路径时，从市场需求出发，紧密结合本地区的区位条件、资源禀赋及产业基础，主动作为打造了一批高端装备制造产业集群。在区域内，培养了一批“龙头”企业和“专精特”企业，形成了具有市场竞争力的产业链、供应链体系。

6.1.1　空天海装备产业区域布局优化研究

1. 航空装备产业区域布局研究

从航空装备产业链代表性企业的区域分布情况来看，中国航空装备产业链重点企业集中于陕西、江苏、上海、四川等地区。从航空产业的区域发展状况来看，京津冀地区、长三角地区、中西部地区具有较大的产业优势。

京津冀作为国内航空装备人才与科技资源最为集中的地区，拥有众多高校、科研院所，基本形成以北京为核心的研发制造基地、以大兴军民融合产业为重点的南部高端制造基地和以顺义航空航天产业园为载体的航空应用集聚区，成为国内航空装备的研发和成果转化中心。

长三角地区，上海依托中国航空无线电电子研究所（简称 615 所）、上海航空测控技术研究所（简称 633 所）、上海航空电器有限公司（简称 118 厂），以中国商用飞机为核心，以新支线客机和 C919 大型客机整机制造商为主导，集中了商用航空发动机公司等一批关键企业，初步形成了包括民用飞机研发设计、航空电子、总装制造、试验测试、营销服务在内的较完整的产业链条；南京拥有众多高校、科研院所以及央属企业，具有雄厚的航空装备研发和生产能力，近年来汇集了轻型飞机制造、直升飞机制造、空中轿车公务飞机制造以及航空发动机维修服务等项目，航空装备进一步发展；浙江依托丰富的民间资金和活跃的民营机制，在民用轻型飞机、飞机零部件及附属专用设备、航空电子仪器设备、机场专用设备、机上易耗品等领域有较快发展。

陕西航空产业集群是我国大中型飞机设计、研发、试飞、生产的重要基地，具有一批独占性的航空产业资源和明显的发展优势。例如，全国最大的飞机制造企业——西安飞机工业（集团）有限责任公司、全国唯一的大中型飞机设计研究院——第一飞机设计研究院、全国唯一的飞行试验研究鉴定中心——中国飞行试验研究院、全国唯一的飞机强度测试中心——中国飞机强度研究所等。“十三五”以来，陕西围绕产业链上下游精耕细作，已聚集集飞机研究设计、生产制造、试飞鉴定和教育培训为一体的产业体系，初步形成了以飞机研发制造为龙头、相关配套产业协同发展的完整航空产业链。陕西的航空产业资源半数以上集中在西安东北部的西安阎良国家航空高技术产业基地周边。截至 2020 年 12 月，西安阎良国家航空高技术产业基地共有 32 家制造业单项冠军企业、专精特新“小巨人”企业及“隐形冠军”企业，涵盖航空整机制造、专用装备制造、零部件配套、新材料配套、航空服务配套等多个领域。然而，陕西航空产业仍然面临着较大的挑战，发展水平和竞争实力总体上仍处于较低层次，市场化、国际化、产业化以及自主知识产权程度低，竞争力弱，与我国的国际地位及发展要求很不相称。在“十四五”期间，陕西航空产业集群将以创新驱动持续提升区域辐射带动能力，将加快先进制造业向高端、智能、绿色、服务方向实现转型升级。面向 2035 年，陕西将全力打造具有国际竞争力的世界级航空产业集群。

2. 航天装备产业区域布局研究

发挥京津冀地区科研人才密集、学科齐全、基础设施条件完备、国际交流频繁等优势，巩固现有航天装备研制生产能力优势，同时支持建设一批新型航天装备研究机构，重点加强可重复使用航天运输系统、空间信息感知与服务、空间基础设施、重型运载火箭等前沿领域的装备研发；发展长三角城市群对长江经济带的引领作用，以上海、南京、杭州、合肥等都市圈为支点，布局若干航天产业园与研发基地，重点在先进航天材料、先进制造技术和电子信息等领域打造产业链创新链融合区；以广州、深圳为核心，加强航天装备领域前沿性、颠覆性技术探索与国际合作，全面提升珠三角城市群航天装备产业的国际竞争力，延伸布局产业链与服务链；依托中西部地区航天产业基础，大力推进成渝地区、武汉都市圈、西安城市群等重点区域航天产业发展，积极创造条件承接东部地区产业转移，发展具有比较优势的产业如航天发动机研制、商业航天装备制造与发射服务等。

3. 海洋装备产业区域布局研究

我国海洋装备制造及配套装备制造业拥有一批具备研发和生产能力的企业，主要分布在北京、上海、南通、青岛等地区，沪东中华造船（集团）有限公司 LNG 船接单量进入世界第一方阵，烟台中集来福士海洋工程有限公司半潜式钻井平台、大连船舶重工集团有限公司自升式钻井平台接单量居世界前列，南通中远船务工程有限公司研制的圆筒式钻井平台更是全球独创独有，浙江船厂、福建东南船厂等在海洋工程特种船细分市场中占有率领先。

海洋装备优势企业布局集中在东部沿海地区，在环渤海地区、长三角地区、珠三角地区，形成了具有一定集聚度的海洋装备产业区域性布局，已初步形成区域错位发展、产品差异化竞争的格局。环渤海海洋装备产业园区圈由辽宁、河北、天津、山东 4 省（直辖市）17 个沿海城市构成，提升产业与技术优势，提升以大连、青岛为中心的海洋工程装备制造产业园区。长江三角洲海洋装备产业园区圈由江苏、上海、浙江 3 省（直辖市）10 个沿海城市构成，扩大海洋装备等竞争优势，提升海洋产业的附加值、外向性，集中发展上海、江苏新型高端海洋船舶和高端海洋装备制造。珠三角地区海洋装备产业园区圈由广东、广西、海南 3 省（自治区）17 个沿海城市构成，推进深海油气资源、海洋矿产资源开发装备研发与生产，建立深海勘探与海洋新能源开发装备制造园区；提升大型船舶设计制造能力，建设广州、江门船舶、海洋装备及配套产业基地。

6.1.2　智能制造装备产业区域布局优化研究

1. 我国数控机床产业区域布局研究

我国高端装备制造产业正加快集聚。我国数控机床产业集群主要在珠三角地区、环渤海地区、长三角地区、西北地区和西南地区等，根据 2019 年全国金属切削机床产量排名，前十的省份包括浙江省、江苏省、山东省、广东省、安徽省、云南省、辽宁省、陕西省、福建省和湖北省。近年来，成渝地区和武汉地区的数控机床产业增长迅速，产业聚集区特征出现。客观来看，国内数控机床产业集群的发展水平和发展质量不平衡问题较为突出，亟待产业调整和优化。当前，我国机床企业竞争态势形成了以技术实力雄厚的跨国企业组成的第一阵营，以大型国有企业或国有控股企业和少数技术实力较强的民营企业组成的第二阵营，以及以大量产品同质化、技术含量较低、规模较小的民营企业组成的第三阵营。受当前国际政治经济环境以及疫情影响，数控机床产业延续了低增长以及部分产业严重下滑的态势。第二和第三阵营面临行业洗牌的风险。一方面，国内机床企业发展出现分化，部分企业因经营模式盲目扩张等原因导致债务危机，出现经营困局甚至破产重组；而部分企业瞄准“高、精、尖”方向，注重技术创新和市场深耕，抓住细分市场发展机会得以快速成长壮大。另一方面，部分外资企业扩大在华投资，对产业集群分布构成重大影响。“十四五”期间，我国机床产业的集中度将进一步提高。

2. 我国增材制造装备产业区域布局研究

我国已初步形成了以环渤海地区、长江三角洲地区、珠江三角洲地区为核心，中南地区和西部地区为纽带的增材制造产业空间发展格局，涌现出具有市场竞争力的骨干企业，西安铂力特增材技术股份有限公司、先临三维科技股份有限公司等公司率先上市，湖南华曙高科技股份有限公司、广东汉邦激光科技有限公司、上海联泰科技股份有限公司、江苏中瑞科技有限公司、北京太尔时代科技有限公司、广州雷佳增材科技有限公司、北京煜鼎增材制造研究院有限公司、北京隆源自动成型系统有限公司、江苏永年激光成形技术有限公司、武汉华科三维科技有限公司、飞而康快速制造科技有限责任公司、上海数造三维科技有限公司等一批制造类龙头企业发展速度加快，增材制造产业形成了若干产业集聚区。在产业集聚区内，我国增材制造企业仍存在分布不集中、竞争力弱、企业规模小等问题，但也有部分企业正处于快速发展的态势。其中，长江三角洲地区具备良好经济发展优势、区位条件和较强的工业基础，为中国 3D 打印企业主要聚集区域，占据全国产业规模 30%以上，已初步形成了包括增材制造材料制备、装备生产、软件开发、应用服务及相关配套服务的增材制造产业链。粤港澳大湾区是我国增材制造产业最活跃的地区，随着广东省“激光与增材制造”专项资金和政策支持力度加大，未来将吸引企业进一步集聚。中南地区和西部地区，如陕西、湖北、湖南等省份是我国增材制造产业发展的重要区域。陕西省在增材制造领域的科研实力和产业化发展居国内前列，有望走向与航空航天、军工行业、汽车制造和高端制造装备等产业的协同发展。

总体而言，我国智能制造产业各区域布局仍需以育链、补链、延链、强链为重点。围绕本地产业结构和科技资源，强企固商引智，加强技术成果转化，立足区域产业基础和特色优势，谋求错位发展。政府应引导和促进域内企业进一步提升创新能力、管理水平和市场竞争力，增强域内上下游企业的有效配套能力，形成良性的制造业生态体系。“十四五”及未来一段时间，我国智能制造产业有望形成若干世界级产业集群。

6.1.3 民生装备产业区域布局优化研究

1. 农业装备

我国农业装备产业主要分布在山东、河南、江苏、河北、浙江等省份，并初步形成了以苏锡常为代表的江浙产业集群、以洛阳和潍坊为代表的鲁豫产业集群、以黑龙江和吉林为代表的东北产业集群、以河北为代表的京津冀产业集群。总体上，我国农业装备面临转型升级重大机遇及挑战，要以产业链、创新链、供应链为核心，聚焦传统产业升级及新兴产业培育，面向京津冀、长江经济带、粤港澳大湾区等重大区域发展战略，进一步优化产业布局，提升集群化创新能力和水平，提升产业链现代化水平，打造引领产业发展的战略高地。

一是做强鲁豫产业集群。依托龙头企业，发挥区位优势和产业集群效应，立足于中国农业发展现状及需求，以高、精、尖和节能高效为目标，整机与零部件协同，多元化发展，着力打造大中小系列拖拉机、谷物联合收获机、播种机等优势产业，实现由大变强。

二是做优江浙产业集群。环太湖流域的江苏、无锡、常州、湖州等是我国最大的南方水田型农业装备的制造基地，依托先进的制造能力和配套优势，深化与约翰迪尔、爱科等欧美企业，以及久保田、洋马、井关、现代和大同等日韩跨国农机企业合作，着力打造以水稻插秧机、水稻收获机、油菜收获机、移栽机、中小型拖拉机等为核心的农业装备产业，推动形成具有竞争力的中外融合型、外向型的产业集群，牵引长江经济带，实现由好到优。

三是做大东北产业集群。东北地区是我国最大的商品粮生产基地，是中国的大粮仓，也是国内农机需求量最大的市场和国内农机产业高端市场，但与巨大的产业需求相比东北农业装备制造业发展缓慢，要聚焦东北规模化农业发展、黑土地保护等需求，支持本土企业发展，积极对外发展跨国企业、吸引区域外国内企业，发展大型耕整、免耕播种、田间管理、高效收获装备技术及产品，实现由小变大。

四是发展特色产业集群。围绕果蔬林茶生产、丘陵山区及水田农业机械化、区域特色作物生产等需求，基于京津冀、西北、西南、中部等区域企业、产业配套特点，推动相关企业面向农业装备拓展相关产业，或者培育、引进农业装备产业，发展特色农业装备产业集群，实现从无到有。

五是培育新兴产业集群。围绕培育农业机器人、农业传感器、农用无人机、农业大数据、智慧农业、智能控制系统等新一代智能农业装备产业，发挥粤港澳大湾区、江浙地区等人工智能、电子信息产业、人才、配套优势，以技术创新型企业为主体，高校、科研院所、新型研发机构为支撑，推进社会资本与技术创新结合，科技与产业融通发展，培育新兴产业集群，打造产业新动能。

2. 食品装备

从全球各国高端装备制造产业的布局特点可以看出，高端装备制造产业核心区域均集聚在各国科研机构密集、经济高度发达的地区。总体来看，我国食品装备制造业正在实现三大集聚：向园区集聚、向经济发达地区集聚、向专业智力密集区集聚。产业发展重点在于突破共性技术和关键技术，发展和培育食品装备产业集群，形成上下游协调发展产业链，合力打造“两中心、一带、多集群”产业格局。从当前来看，食品装备产业仍将集聚东部沿海地区科研院所集中和创新能力较强省份以及少数中西部和东北部中心城市，区域发展差异化有进一步强化趋势。

两中心：以北京、上海为核心的集研发、营销和投资为核心的两大中心聚集先进技术、研发人才，积极提升自主创新能力和产品技术含量；发挥北京、上海拥有的全国最集中且高水平的高等学校与科研机构群优势，发展食品装备工程研究中心，集聚食品装备高端研发要素。

一带：建设以山东、河南、江苏及浙江四省为链条的食品装备制造产业带，辅以高端装备制造产业发展，全面构建食品装备产业生态圈。

多集群：以培育经济增长点和竞争制高点为目标，发展食品装备集群化建设，发挥湖南、湖北、吉林、辽宁等省份装备制造业优势，利用集群效应，全力构建辐射功能强、集聚效应大、经济效益好、耗能污染低的食品装备制造体系。

3. 纺织装备

我国纺织装备行业中，国有企业在化纤装备、纺纱装备、非织造布装备等领域起到了较好的引领作用，而众多的民营企业则对行业起到了重要的支撑作用。据中国纺织机械协会统计，规模以上的纺织装备企业中国有企业占比约 7%、民营企业占比约 77%，主要集中在江苏、浙江、福建、山东、广东等地区，和纺织企业分布相对应。

近年来，受国际纺织产业格局的变化及国内纺织工业经济结构的调整，多层次的纺织产业转移对推动区域合作，促进区域协调均衡发展有重要意义。为建立特色鲜明、优势互补、协同发展的产业布局体系：一是东部地区要着力加强创新驱动发挥引领发展的重要作用，特别是江苏和浙江长三角区域、广东珠三角区域、山东等东部区域、福建等纺织工业最发达和最集中的地区，要聚焦全球纺织产业价值链中高端，打造世界级产业集群，重点发展技术研发、品牌营销及高端制造，大力推广智能制造和绿色制造，加快实现绿色转型的方向和要求；二是中西部和东北地区要依托劳动力资源丰富、要素成本较低等优势，结合各地区特色和基础条件，促进差异化发展，有序承接产业转移，提升产业发展层级。

4. 医疗装备

当前，我国医疗装备产业已基本形成三个各具特色的产业区。环渤海产业区覆盖了辽宁、北京、天津、河北和山东，区域内拥有全球最丰富的临床资源以及丰富的智力资源，病案和病例数多，大医院多且设备先进，医生数量多且经验丰富，科研院所多且科学仪器先进，学生、教师、科研人员、院士人数超出其他区域，产业区内拥有东软医疗系统股份有限公司、山东新华医疗器械股份有限公司、乐普（北京）医疗器械股份有限公司等一批优秀企业。长三角产业区覆盖上海、浙江、江苏等地，区域内市场活跃、企业积极、产品丰富、发展迅速、配套齐全，拥有上海联影医疗科技股份有限公司等一批优秀企业。珠三角产业区覆盖广东、香港、澳门等地，近年来以深圳发展最为迅速，已从当初的来料加工逐渐走向产品国际化，从工程创新走向注重基础应用研究，拥有深圳迈瑞生物医疗电子股份有限公司等一批跨国先进企业。

站在区域发展的角度，补足产业区短板，建立良好生态，将有力地促进产业升级换代。我国医疗装备产业正在经历着产业升级换代，从跟踪模仿走向自主创新，从小而全的发展模式走向区域协同，横向比较，各个产业区都存在着各自的短板：环渤海地区人力成本、场地费用高不适于产业的发展；长三角地区缺少超大规模、具有国际品牌的企业，国际化发展稍逊；珠三角地区在方法创新方面有欠缺。近年来，各产业区正在补齐短板，但从整体上看，各产业区对于如何在新形势下构建面向未来的产业生态仍然方向不够明确，缺少顶层设计。

站在产业发展的高度，强化三大产业区的联动和协同发展，进而形成整体优势将对整个产业从跟踪模仿走向自主创新具有积极意义。如何有效地让三大区域形成协同，发挥各自的优势，让产业形成竞争能力是产业当前面临的主要问题，其中涉及大生态建设、机制设计、先进通信手段的利用、监管的协调、政策的放开、信誉体系的建立、观念的转变等，研究表明，未来的竞争表现为产业体系之间的竞争，当前，促进产业走向体系化发展，提升创新成果的可交易性，基于 5G、云计算、大数据和 AI 构建新工业形态的生态，建立多中心临床评估机构，将对赢得未来竞争起到至关重要的作用。

6.1.4　承压设备产业区域布局优化研究

承压设备制造业的产品应用涉及化工、石油、机械、动力、冶金、核能、航空、航天、海洋等领域，是各领域生产过程中必不可少的核心设备。我国承压设备生产厂家数量达到数千家，多数企业也取得了一、二、三类压力容器制造资质。其中，大部分企业主要分布在江苏、浙江、上海、山东等地，以民营企业居多，多数企业生产规模不大，产品侧重点不同，主要集中在中、低端产品的生产上。在当前国际形势下，我国承压设备行业整体上依然保持着平稳健康的发展趋势。为了进一步促进承压设备产业发展，应鼓励产业链上下游企业、相关科研机构组成产学研协同体系，引导培育“专精特新”企业，形成具有产业优势的承压设备产业集群。对于重大承压设备产业区域布局的优化，可以从以下几方面开展。

1. 建立承压设备产业链安全评估机制

美国相关部门长期开展一系列供应链方面的战略研究，每年都会发布工业基础及供应链弹性的评估报告，评估其供应链的安全与产业基础能力，供政府决策部门参考。从承压设备产业安全考虑，我国亟须建立承压设备产业链安全的评估机制，每五年一次对制造业基础能力与产业链安全开展常态和动态评估，梳理承压设备产业链的现状，在一些关键节点上评估其替代的可能性，确保承压设备产业链有战略调整的弹性与韧性；同时根据评估结果，着重补齐产业链中的短板。

2. 建立承压设备产业链关键环节国内企业备选名录

中美经贸摩擦凸显了我国制造业核心零部件（元器件）和关键基础材料发展滞后带来的问题，也让我国制造企业与用户企业、主机企业与配套企业认识到合作的重要性，更多企业表示愿意采用国产零部件（元器件）、关键基础材料、国产制造装备和检验检测装备及国产工业软件。我国承压设备制造业应抓住这一契机，建立承压设备产业链关键环节国内企业的备选名录，实施政策倾斜，着力扶持产业链关键环节的备选国内企业，打造安全可控的承压设备产业链。

3. 制订替代计划，确保承压设备产业链安全可控

当前，我国承压设备产业基础与国外先进水平相比，普遍差距大或差距较大。产业基础对外依赖度高是我国产业体系中的突出薄弱环节，应提前采取措施，有针对性地制订国内替代计划，防止被国外“卡脖子”。同时，要进一步加大承压设备产业的对外开放，形成多元化供应渠道，确保承压设备产业链安全可控。从长远来看，要有针对性、有重点地选择承压设备产业基础重要领域实现突破，培育新优势。

4. 基于产业特点建立不同类型的承压设备产业集群

根据承压设备产业特点，可以按照重型装备产业集群和轻型装备产业集群两

种类型进行分类建设。对于压力容器、锅炉等重型装备产业集群，鼓励上下游企业配套，加强相关企业与高校、科研院所之间的技术创新合作，形成集聚、完整的产业链和供应链，建立集承压设备设计、制造加工、物流运输于一体的产业集群。对于气瓶、长管拖车、管束式集装箱、法兰封头及密封件等轻型装备产业集群，其载体大多为中小企业，应避免大规模同质化竞争，要走差异化、精细化、高端化路线，进而培育一大批世界级隐形冠军。

6.2 国际化发展战略

6.2.1 空天海装备产业国际化发展战略

积极引入全球资源。抓住“一带一路”建设契机，推进国际产能合作，构建开放型创新体系，鼓励技术引进与合作研发，促进引进消化吸收与再创新。积极引导外商投资方向，鼓励外商投资战略性新兴产业，推动跨国公司、国际知名研究机构在国内设立研发中心。

打造国际合作新平台。建立国际合作机制，推动签署落实政府间新兴产业和创新领域合作协议。推动双边互认人员资质、产品标准、认证认可结果，参与国际多边合作互认机制。以发达国家和“一带一路”沿线国家为重点，建设双边特色产业国际合作园区，引导龙头企业到境外建设合作园区。创新合作方式，提升重点领域开放合作水平。加强国际科技成果转化和孵化、人才培训等公共服务体系建设。

构建全球创新发展网络。引导社会资本设立一批战略性新兴产业跨国并购和投资基金，支持一批城市对接战略性新兴产业国际合作，建设一批国际合作创新中心，发展一批高水平国际化中介服务机构，建立一批海外研发中心，构建全球研发体系，形成政府、企业、投资机构、科研机构、法律机构、中介机构高效协同的国际化合作网络。支持企业和科研机构参与国际科技合作计划、国际大科学计划和大科学工程，承担和组织国际重大科技合作项目。鼓励企业积极参与国际技术标准制定。

深度融入全球产业链。推动产业链全球布局，在高端装备等重点领域，针对重点国家和地区确定不同推进方式和实施路径，推动产业链资源优化整合。推动高端装备、新一代信息技术等领域龙头企业海外拓展，与国际大企业开展更高层次合作，实现优势互补、共赢发展。

1. 航空装备产业国际化发展战略

按照安全、经济、舒适和环保的要求，研制具有国际竞争力的 150 座级单通道干线飞机。加快科技攻关，发展高可靠性、低成本、数字化支线飞机和通用飞机（含直升机）设计与制造技术。推进支线飞机的规模化生产和系列化发展，支持新舟系列支线飞机改进改型，研制新型支线飞机，发展大中型喷气公务机和新型通用飞机（含直升机）；拓展支线飞机市场应用，扎实推进通勤航空试点。推动航空发动机、航空设备产业发展及航空维修、支援、租赁等产业配套体系建设。

2. 航天装备产业国际化发展战略

以航天装备发展的规律和趋势为指导，以我国航天装备发展的需要为出发点，以打造我国航天装备制造国际化发展能力为核心，对我国航天装备制造的国际化进行统筹谋划与顶层设计；推动国内航天领域立法及标准制定等事项，如完善航天装备制造国际合作国内机制，加强对卫星整星及零部件出口、地面设备出口、涉外纠纷等对外合作的立法支持；创新航天装备产业发展的产品模式和型谱建设，提升融入全球产业链的能力；充分利用多种渠道和国际资源，紧跟国家大政方针要求，做好国际装备产业发展交流与合作；打造高素质国际化队伍，培养具有国际化视野、懂型号、懂市场的领军人才，融入国际产业发展的大趋势中。以天地一体化网络建设为抓手，扩大我国通信卫星及地面设备和应用设施在全球的市场占有率，促进其在国外特别是发展中国家广播电视、远程教育、远程医疗等方面的应用；扩大我国对地观测卫星及其地面设备和应用设施的出口，加大对地观测数据的国际交换、共享及在监测全球环境、灾害、气候变化、海洋等领域的应用；加快北斗卫星导航系统建设和装备制造，推动与其他全球卫星导航系统的兼容与互操作，加大相关装备的出口与全球应用。

3. 海洋装备产业国际化发展战略

我国海洋装备产业国际化战略布局必须在海洋装备技术创新的关键领域、“卡脖子”的地方下大功夫，紧跟日新月异的国际海洋科技发展趋势，以海洋强国建设的紧迫需求为导向，以深海极地为前沿方向，以绿色智能为科技支撑，如大力发展深海矿产资源开发装备、深海生物资源开发与保护装备、深海油气资源开发装备、极地科考装备、极地航道开发装备等，提升智能化和集成化水平，努力发展成为世界主要科学中心和创新高地。

同时，我国海洋装备产业国际化战略布局要结合“一带一路”建设，深化与沿线国家的交流合作，鼓励有条件的国内海洋装备制造企业和配套企业在沿线海洋油气资源国合资建厂，贴近市场，加快装备制造合作。鼓励利用骨干企业的全球营销网络和电商平台，共建共享全球营销及服务体系。

6.2.2 智能制造装备产业国际化发展战略

1. 坚定改革开放，在双循环发展格局中构建中国供应链优势

在当前国际上贸易保护主义上升、世界经济低迷、全球新冠肺炎疫情形势愈发严峻，局部战争风险以及全球市场萎缩的外部环境下，国际资本及全球供应链产业链在不确定的世界环境中谋求发展。我国经济长期向好的预期以及超大规模的内需市场，将会吸引国际各类创新资源和全球产业供应链积极布局中国。我国应进一步加大开放力度，构建开放型创新体系，吸引和引导外商投资战略性新兴产业，推动跨国公司、国际知名研究机构在国内设立研发中心，鼓励技术引进与合作研发。

与此同时，我国智能制造产业未来布局重点将以通过自主研发掌握核心技术为突破补齐产业链、供应链短板，这是中国制造业向高端供应链攀爬的必由之路，也将是一场旷日持久的攻坚战。为此，我国必须持续深化供给侧结构性改革、收入分配改革、金融税务改革、流通领域改革、知识产权保护等，大力推动科技创新，加快关键核心技术攻关，提升产业链、供应链现代化水平，在双循环发展格局中构建中国制造业供应链优势，为我国经济发展增添动力，带动世界经济复苏。

2. 抓好“一带一路”建设契机，推进国际产能合作

中国拥有大约 14 亿人口和 4 亿中等收入群体，随着脱贫攻坚战取得了全面胜利，中国自身的内循环不仅有望拉动中国经济增长，而且可以通过增加进口拉动周边国家及“一带一路”沿线国家，对于沿线和域外经济体表现出强大的吸引力。中国与“一带一路”沿线国家加强基础建设、产业投资与经贸合作，特别是深化制造业领域的投资与合作，企业“走出去”步伐加快，顺应了“一带一路”沿线众多国家的产业转型升级的趋势。中国机电产品、卫星导航、无人机、数控机床、海洋装备、承压设备等装备制造业在产品技术水平和规模方面具有国际优势，将这些产品输送至“一带一路”沿线国家，并推广我国优势产业标准，将进一步地拓展我国制造企业的市场空间。

6.2.3 民生装备产业国际化发展战略

1. 农业装备

农业装备国际化发展是产业方向，也是参与全球市场竞争的必由之路。目前，

我国农业装备技术及产品、企业“走出去”步伐加快，在全球产业链、价值链中的作用日益增强。未来，要坚持自主创新和引进技术相结合、“引进来”和“走出去”相结合、产品优化和产业调整相结合、突出重点与全面发展结合，利用外资、引进技术和对外投资、输出技术并重，提高安全高效地利用两个市场、两种资源的能力，实现由“引进来”的发展初级阶段走向“走出去”的发展高级阶段，最终达到由农业装备制造和使用大国向世界农业装备制造强国转变的战略目标。

一是强化研发创新国际化。通过跨国并购获得技术专利和标准等核心资源，并开展本土化研发战略，同时利用先进技术研发成果转移支持国内产品技术升级和产业结构优化；通过境外建立研发机构不断引进新技术，实行研发业务全球化运作，提升现有产品技术水平，同时保持国际前沿技术跟踪能力。广泛开展国际研发合作及科技交流，树立人才国际化理念，在全球范围内配置研发资源，构建全球研发网络体系，以获得长期、稳定的全球科技领先优势。

二是深化产业链国际化。充分利用国际分工进一步细化、全球采购和供应链管理的趋势越来越明显的特点，以零部件与整机协同发展为核心，积极参与全球分工体系。积极利用国内市场优势地位，充分利用全球生产制造资源，以及国内短期无法突破而国外技术先进成熟的零部件和总成系统，弥补高端核心部件不足，缩短研发周期，提升技术竞争力。

三是加快产品国际化。充分发挥本土技术和市场优势，积极谋求与国外知名品牌的联合研发、生产和销售，加快实现大型高端农业装备“本土化”生产，同步跟进国外先进产品市场。发挥我国中小型农业装备产业优势，通过建立针对国际目标市场的产品技术试验，提升产品区域差异化适应性，推进先进农业装备技术及产品“走出去”。面向非洲、东南亚、拉美等地区特色作物生产，积极培育发展区域特色农业装备产品，抢抓国际市场先发优势。

四是打造国际化品牌。立足自足打造，通过严格的管理和控制，建立起遍及全球的营销网络和维修服务网络，树立“质量高于一切”的信誉，将品牌逐步打入国际市场，营造深厚的品牌文化，将中华优秀文化融入品牌之中。瞄准国际知名品牌资源，通过资本运作和以资产为纽带，与国际知名品牌合作或者进行收购，形成以中国企业为主导的品牌系列。

五是深耕国际化市场。打造具有竞争力的经济型、细分领域、高性价比产品，着力开拓北美、西欧和日本等市场；发挥自身产品和技术优势，利用当地成本优势，生产制造与贸易结合，大力拓展东南亚、拉美地区市场；充分发挥我国先进的精耕细作农机技术及产品优势，积极开拓非洲市场。

2. 食品装备

全面提升我国现代食品装备制造业的技术开发与装备创制能力，缩小在关键技术、关键零部件制造领域及研究开发领域的差距，显著提高我国食品装备自给率、自动化率、工程化能力和国际竞争力，支撑我国现代食品制造业转型升级和可持续发展。

一是标准国际对标策略。采用和转化国际先进技术标准，参与国际竞争与合作；赢得食品装备制造技术标准话语权。

二是市场国际化策略。建立国际市场营销管理体系，从推广宣传、设计研发、生产制造、安装调试、售后服务等环节精心组织，重点突破。实施差异化、专业化发展思路，采取先易后难、多渠道策略，大力开拓国际市场。

三是技术国际化策略。搭建国际研发平台，利用国外重型机械制造业发展重组契机，通过收购、控股和建立技术联盟等形式加强与国外设计公司联系，快速掌握和提升核心技术。

四是人才国际化策略。全方位引进国际化人才，引进和选聘在海外从事领导工作或有留学经验人员担任中高级管理者，提高国际化决策和管理水平；引进高端或国外专业性人才，解决关键项目的关键技术问题。

五是管理国际化策略。研究应用 TPM（total productive maintenance，全面生产维护）、JIT（just in time，准时生产）等先进管理方法和手段，提高企业经营效率，建立全球化采购、物流合作关系网络。

3. 纺织装备

随着全球纺织产业格局进一步调整，亚洲周边国家地区综合成本优势明显，纺织加工制造产能正逐渐向这些区域转移。目前，全球纺织工业格局正在形成高端技术研发集中于日本、欧美等发达国家和地区，加工制造重心趋向于东南亚等地区的格局。近年来随着东南亚等新兴市场在人力成本、生产资源及关税政策等方面优势的进一步凸显，同时中美贸易摩擦导致国际贸易格局重新布局，将我国具有优势的关键产业链节点引向国外，削弱了我国纺织产业的综合国际竞争优势。

为保持我国纺织强国地位及我国纺织产业国际竞争力，需长期保持我国纺织产业链在国内的完整性，同时加强国际产业链的掌控能力。应大力发展智能制造，进行产业升级，以效率提升化解其他发展中国家的综合成本低的优势，同时加强产业链上下游协同创新，坚持生态优先、绿色发展，维护生态安全，实现产业发展与生态环境保护协调统一，增强可持续发展能力和核心竞争力，未来向品牌化、高附加值方向发展，坚持走高质量发展的道路。

4. 医疗装备

我国医疗装备企业的国际化进程遇到许多障碍，分析这些障碍是制定策略的基础。这些障碍涉及法律、监管、文化、语言、人脉、产业链、科研环境、劳务、工会、基础建设、医疗、临床设施、生产条件、创立品牌成本、技术支持成本等，医疗装备又是一个特殊产业，企业一般规模不大，往往难以承受上述这些不确定因素带来的成本增加，尤其当前途风险不明时，许多企业选择了退却。为此，需要有针对性地制定相应的政策，推行切实有效的措施。

一是积极响应“一带一路”倡议，促进产业抱团取暖，走向国际化发展的道路。“一带一路”为产业发展指明了方向，前期的经验表明，建立园区对医疗装备产业是适宜的方式，它可以在法律、市场、服务、政务、生产、研发诸方面形成集约化的服务，减少企业的担忧，降低企业的成本，而政府则可以以“一带一路”沿线园区为单位进行扶植，大大提高可操作性。

二是在医疗装备产业中推行国家层面的高质量认证，帮助企业产品获得国际认可。高质量认证不是对其质量体系和产品质量的符合性认证，而是对企业的服务、产品质量进行高标准的认证，这个标准显著高于一般产品，是高品质的代名词，拥有这一认证可使客户认为这是中国的优秀产品，与其他国外大型跨国企业的产品具有几乎相同的质量和服务。这一认证实际上是一种共享品牌，比起单个企业单独创建品牌，享有者会获得划算的投入/产出比。

三是鼓励建立集约化的国际售后服务中心，减轻企业国际化过程中的成本。跨国维修的成本巨大，有时仅为了一颗螺钉会让整台设备的效益大打折扣，另外客户也会对维修等待时间过长而产生不满。利用现代化的手段，建立集约化的国际售后服务中心可以大大缓解这些问题，一个中心可以服务于多家企业，建立备件库，并利用现代通信手段实现远程诊断、更换部件等。

四是推动与目的国的质量互认工作，建立互信机制，实现融合发展。我国医疗装备产业在国际上已经具有一定的竞争实力，若能实现医疗装备与目的国的互认，就像欧盟CE认证①被许多国家接受一样，我国医疗装备的国际化将上升到新的台阶。

五是探索国际化的创新合作机制，推动企业的创新国际化。让中国成为国际化的医疗装备创新中心是产业发展迈向更高层次的必由之路，但是目前的创新合作方式有限，加之语言障碍，极大地限制了企业的开放与发展。可采用在目的国建立创新联合会等形式，积极鼓励产业界与国外科研界的合作。

6.2.4 承压设备产业国际化发展战略

坚持立足国内，坚持自主创新，攻关承压设备领域重大短板装备，把核心技

① 欧盟CE认证（CE certification），是只限于产品不危及人类、动物和货品的安全方面的基本安全要求，而不是一般质量要求。

术和关键技术掌握在自己手中；同时，坚持更高水平的对外开放，鼓励加强重要技术和产品的引进与输出，融合全球的创新资源、创新要素、创新人才，在开放合作中形成更强创新力、更高附加值的承压设备产业链，建设先进承压设备产业基础创新体系和产业体系。

1. 统筹规划与战略指导

制定清晰的国际化战略和目标并坚定执行，统筹安排和协调境外投资，保证国际化战略的实施效果。我国装备制造业正处于“走出去”的初级阶段，要加强战略规划管理，减少“走出去”的盲目性，紧密结合国家“一带一路”倡议、制造强国战略等，研究制定承压设备制造业“走出去”的战略规划，从国家层面加强顶层设计和统筹规划。

2. 促进与发达国家之间的标准互认

针对基础设施发达、资源丰富、市场成熟、相近的美国、欧洲和日本市场，加强国家标准化机构深化互利合作和互联互通，建立承压设备用原材料、检验检测等互认标准清单，促进与发达国家之间的技术标准互认，加强标准信息交换，提高国家标准一致化水平，推动中国标准“走出去”，减少和消除贸易壁垒。

3. 推进向发展中国家的装备输出

我国承压设备制造业在国际化进程中，应优先选择新兴国家、“一带一路”沿线国家、法律健全和社会稳定的发展中国家，开发印度、墨西哥等新兴市场以及资源价格较低的亚太发展中国家市场，实现承压设备从“装备中国”到“装备世界”。

4. 培养国际化人才

重视人力资源的开发和利用，致力于培养具有全球化视野、国际化思维的国际化人才。我国承压设备制造业可按照国际惯例和国际化经营要求，制订适应国际化经营体制的人才培养计划，加大国际化人才的交流和培训力度，采取多渠道培养跨国经营人才，加强境外人员国际化经营能力，培养国际化人才。

第7章 措施建议

7.1 空天海领域产业相关政策建议

1. 航空装备产业相关政策建议

我国航空产业目前正处于转型升级发展的关键时期，为了保持航空产业的持续健康发展，需加大对航空产业的扶持、研发和基础设施的投资力度，科学规划航空科研与试验重大基础设施建设，实施对航空装备制造业创新发展有重要推动作用的重大专项及工程。

1）完善相关的法律法规和政策措施

加快产业发展促进条例制定，建立法律和制度保障。按照社会主义市场经济下产业发展规律，完善发展金融保障机制，建立和完善融资体系、担保基金和风险规避机制等。

2）加强适航技术能力和适航体系建设

加强适航技术研究，提高适航设计、验证和审定能力，全面提升适航水平。加强与美欧等发达国家和地区民用航空管理当局的合作，拓展双边适航协定。

3）加快低空空域改革，促进通用航空产业发展

通用航空产业涉及民航、军队、地矿、农业、林业、旅游、交通、体育等多部门，管理难度大，需要建立相关工作机制，协同推进，特别是要进一步加快低空空域改革，促进通用航空产业发展。

4）打造高素质人才队伍

人才队伍特别是高素质人才队伍建设，既是事业不断前进的动力源泉，也是支撑航空装备跨越发展的实践密码，更是实现航空强国梦想的底气能力。应以国际化视野选育高素质人才，结合我国航空产业的新环境，改革创新、精耕细作，在促进完成航空装备研制任务的同时，为国家培养一批高素质人才，为推动航空工业成功转型升级、快速发展提供有力智力支持和人才保障，为企业后续发展奠

定基础。

5）推进民用产品产业化

在符合 WTO 规则和国际惯例的基础上，鼓励购买国产飞机，实施国产航空器的政府采购政策，落实中央财政、地方财政对国产民用航空产品的政府采购。结合国家“一带一路”倡议，支持航空制造企业“走出去”。

2. 航天装备产业相关政策建议

（1）完善政策与法律法规。开展航天法规政策体系的设计与建设，着力推进航天法的立法进程，形成完备、配套的法规政策体系。明确我国航天的战略定位，确定强国目标、发展路线、政策措施等，推进航天强国建设，体现国家战略利益，支撑科技强国的建设与中华民族伟大复兴的中国梦的实现。例如，推进卫星应用法律、行政法规、支持政策配套协同完善，为卫星应用发展提供良好的政策环境。持续推动空间基础设施和资源共享共用，在数据共享的基础上进一步推进多源卫星、系统运控、多类用户的综合统筹机制构建等。

（2）提高基础性投入。加大投入，重视技术储备和预研，加强对重大前沿技术和颠覆性技术的预判与评估。加快元器件、原材料国产化进程，确保航天发展自主可控，将航天元器件、原材料国产化作为一项战略性基础工作。加快重型运载火箭立项，统筹推进深空探测等项目论证与实施。加强对机器人探月与载人登月、建立月球基地之间的有机融合，合理配置资源、优化工程方案。尽早开展相关基础研究及关键技术攻关，奠定工程基础。

（3）增强创新能力。构建开放的产、学、研、用协同创新平台，加强技术人才培养。根据先进制造技术未来发展趋势，重点加强数字制造技术、敏捷制造技术和增材制造技术等领域的研究与开发，进一步增强数字化、精益化、柔性化等先进制造能力。在国家现有相关试验条件基础上，建立开放的技术使能平台，支持产、学、研、用协同创新，即时对研究成果进行技术评价，避免低水平重复研究，加速技术成果转化和技术成熟度提升，确保国家科技投入产生效益。实施航天创新人才培养重点工程，培养造就一批能冲击国际国内技术前沿、突破核心关键技术、推动产业转型升级的创新领军人才、学科带头人，一批科技创新能力强、学术水平高、吸引和集聚人才的创新团队。支持高等院校、科研院所等加强科技创新与人才培养的有机结合，并增强自主创新能力，为创新型国家建设提供人才支撑。

（4）全方位推进交流。多渠道、多层次地积极推进国际合作与交流。积极参与相关国际组织和国际协调，参与国际空间法规、规则、标准制定以及其他空间活动中的话语权与影响力，为我国航天发展赢得更好的生存和发展空间；主动融入国际，积极参与国际空间活动，争取国际和地区空间组织的职位，使我国空间基础设施成为国际空间基础设施的重要组成部分，为全球用户提供公共产品；牵头或共同发起重大深空探测计划，风险共摊的同时，学习先进技术、借鉴工作方法，推动开展对欧小型化、低成本、多目标小行星探测任务合作，推动落实对俄联合探测火星、金星的合作意向；引进、吸收和消化国外先进技术，突破技术瓶颈、缩短研制周期。

3. 海洋装备产业相关政策建议

1）推动信息技术与海洋装备制造业的深度融合

以信息技术为先导，推进新一代信息技术与海洋装备制造业和服务业的深度融合，深化信息技术在设计、制造、管理、营销过程中的集成应用，培育数字化工厂、智能工厂，推广智能制造生产模式；将数字技术和智能化技术广泛应用于产品设计和制造过程，丰富产品功能，提高产品性能。运用物联网、大数据平台等信息技术，促进智能终端与应用服务相融合、数字产品与内容服务相结合，推动海洋装备产品创新。

2）以研发设计创新为着力点打造国产装备品牌

设计是所有制造业的核心和龙头，只要有产品的地方（硬件和软件）就会有设计需求。在海洋装备产品生命周期中，研发设计是核心，起着关键作用。另外，设计创新是企业产品更新换代和品牌战略的关键，是海洋装备生产链的头道工序，是海洋装备和高技术船舶开发的源头，是我国海洋装备从制造大国跨向创新大国的发力点。因此，必须把设计创新作为海洋装备科技创新的着力点，在提高设计水平上下功夫，狠抓新型海洋装备设计与船型开发，打造国产品牌。

3）扶持深海高技术中小企业，健全海洋装备产业链

全面总结掌握国内海洋装备领域企业的布局和产业链情况，总体布局并扶持、培育、孵化相关企业，引导、筹备一些企业填补相关的空白，实现“定点打击”，解决目前海洋装备领域很多产业链薄弱、脱节的现象。在海洋基础传感器、海洋动力和生态仪器、海洋声学产品、海洋观测集成系统产品、通用辅助材料及核心部件等方面各培育3～5家企业，健全海洋装备产业链，培育海洋战略新兴产业。

7.2 智能制造领域产业相关政策建议

1. 推动国家层面各类科研机构及科研项目的协同创新机制

围绕国家创新驱动发展和制造业转型升级的战略需求，做好智能制造的顶层设计工作。目前，国家创新平台和国家科研项目各自独立执行，形不成国家

层面的协同机制。建议统一规划国家正在建设的各类创新中心，重视重点领域长期支持政策，学习推广全球先进科研机构管理模式与经验，构建稳定适用的团队管理模式，政策上保证科研团队自由构建与长期协作。制订工业基础能力和关键共性技术提升的推进计划、发展目录、技术路线图。着力开展产业基础和关键共性技术研究，不断提升行业支撑能力，为装备制造产业链高级化、现代化做出更大贡献。

2. 发挥龙头企业引领作用，打造互利共赢的产业生态

国际局势动荡不安，美国对华实施战略性产业中的通用技术或核心技术的全面封锁，仅依靠企业的“单兵突击”，难以实现全产业链“突围”。引导大型龙头企业构建包含下游用户的产学研用联合体，落实装备制造产业基础再造和产业链提升工程，推动国产装备关键核心技术突破。充分发挥龙头企业在参与国际标准化活动中的作用，在龙头企业的示范、引领、辐射、带动作用下，推广我国优势产业标准，强化国际市场上产业标准领域的话语权。

同时，制定多元化融资支持的产业政策。引导构建国产高端智能制造装备成套技术应用示范工程。引导培育专精特新中小企业，围绕龙头或优势企业，打造配套产业创新链条，形成优势产业集群。打破体制约束，支持机床企业以加工服务方式，进入航空航天领域的加工制造，一举解决航空航天制造能力亟待迅速提升及机床行业准入发展的难题，取得共赢持久发展。加大产业链一条龙应用计划支持力度，推动建成产业链上中下游互融共生、分工合作、利益共享的一体化组织新模式，促进上下游企业特别是中小企业协同发展。

3. 制定以企业为主体的协同创新及人才激励政策

制定符合创新规律的国有科技型企业的考核制度和管理办法。加大技术创新在考核中的所占比重，对长期研发投入和产出进行分类考核，形成鼓励创新、宽容失败的考核机制，激发企业家的创新动力，降低企业家创新活动风险。加大考核措施，促使企业从依靠过度资源消耗、低性能低成本竞争，向依靠创新、实施差别化竞争转变。

改革高校和职业院校的学科评估指标体系。鼓励企业和高校共建协同创新中心，制定研发人员借调互换的流动机制，围绕企业共性技术需求，联合组建攻关团队。高校在学科评估及人才选拔、人才培养的各项指标中倡导把论文写在装备上、产品上。制定大型企业与职业院校联合办学的优惠政策，保障职业院校人财物持续投入，以应对产业发展新需求。同时通过住房、税收等优惠政策改变制造企业留人难、人才流失的困境。

4. 加快数字化、网络化、智能化建设

未来十年，我国智能制造产业将迎来国内企业在产线、车间和工厂的数字化、网络化、智能化改造和建设高峰。建议智能制造企业紧密联系下游用户企业，从用户工艺需求、产线/车间存在的实际痛点出发，推出新一代智能制造装备和成套装备方案，并提高为用户提供智能产线、智能车间和智能工厂不同层次的交钥匙工程能力。鉴于国际形势变化，在下游各领域用户数字化改造和智能工厂建设过程中，除了采购必要的国外先进制造装备和软件之外，建议出台鼓励政策支持优先使用国内创新研发并在国内同类产品和技术中处于领先水平的国产制造装备及国产工业软件等。

7.3 民生装备领域产业相关政策建议

1. 统筹民生装备领域的发展扶持政策

建议对分散于农业、食品、纺织、医疗等民生装备领域的产业发展政策进行统筹，突出共性发展需求，体现个性发展特征，优化形成民生装备领域的政策体系。重点鼓励技术创新和研发性生产，加快推进民生装备领域新材料、高端元器件、先进制造等高端技术跨行业、跨部门产业应用和融合发展。

2. 开展较大规模的新一轮技术改造

民生装备领域“面宽量大”，实施技术改造具有突出的潜力。在新一轮技术改造的实施过程中，优化各级政策导向、提供必要的资金支持，综合发挥好政府和市场的各自作用。兼顾技术改造资金的效率和规模，各级财政每年设立技术改造专项资金，将民生装备类的企业改造升级列为重点。同步鼓励相关企业增加技术改造投资，找准市场回报和收益预期良好的方向，注重提高装备技术的自主可控程度，切实保障企业工艺装备升级、核心竞争力提高。

3. 建立行业技术创新服务公共平台

开展民生装备领域技术创新服务公共平台的建设，协调整合行业科技资源，突破产业共性关键技术和大型装备，实现产学研技术创新良性互动。建设民生装备行业质量监督检验和标准化工作平台，支持行业信息服务平台建设，解决民生装备行业当前跨部门技术封闭、重复研发投入、产业化应用难等问题；建立适应民生装备标准化发展的运行机制，形成以企业为主体、产学研用相结合、中介服务为桥梁的标准研制体系，构建面向市场、重点突出、结构合理的技术标准体系。

4. 加强国产装备和工业软件的研发和应用

建议相关政策予以倾斜，推动国产民生装备、关键零部件和工业软件的研发与应用。制定鼓励农业、食品加工、纺织服装企业和健康医疗服务机构应用国产民生装备的政策体系，促进民生装备在实际应用过程中不断迭代创新，提高技术水平和产品质量及可靠性。推进我国民生产业建设自主可控的产业链，培养系统集成商队伍，形成民生产业产品和服务不断创新、民生装备不断优化升级的具有良性循环功能的产业体系，促进我国民生产业的健康有序发展。

7.4　承压设备领域产业相关政策建议

1. 健全国家承压设备产业发展政策

发挥政府引导作用，编制重大承压设备产业发展中长期规划，引导行业汇聚技术创新资源，协同攻关“卡脖子”问题及短板技术；以市场为导向，畅通承压设备领域的产业链、创新链、资金链和人才链，构筑有利于承压设备的产业生态体系。完善国产原材料、焊接材料、设计分析软件、检验检测技术等政策扶持体系，通过购置补贴等优惠政策推进应用示范。完善首台（套）产品税收优惠、保险补偿机制和补贴政策，降低使用国产设备的风险。

2. 完善承压设备安全监管及引导行业形成健康竞争的监管方式

加强对承压设备设计、制造、安装、使用、检验、维修等全生命周期的安全监管，建立覆盖承压设备制造单位、检验单位、监察单位、使用单位、应急救援单位等所有相关部门的综合监管平台，实现设备数据的及时共享与更新，准确掌握承压设备安全状况，提高监管效率。在招标或采购过程中，建立规避低质低价竞争中标的监管机制，打破行业壁垒和地方保护，引导高质量产品产出高溢价附加值，给予承压设备相关重点生产企业优先地位。

3. 加强标准制定规范化发展，促进标准水平提升

进一步调整承压设备技术法规和技术标准之间的协调关系，明确承压设备技术法规与技术标准的界定范围；梳理当前承压设备标准体系存在的不足，完善承压设备技术标准体系，及时快速应用承压设备行业和相关行业的新技术、新工艺；提高国家标准一致化水平，促进与发达国家之间的技术标准互认。

4. 建立承压设备产业国际合作发展策略

根据“立足国内与面向全球相统筹”原则，制定清晰的国际化战略和目标并坚定执行，发挥工贸企业和科研企业的优势，加快国际化运营和并购整合，以全球化思维运营，鼓励企业“走出去”“走进去”，选择“一带一路”沿线国家、新兴国家、法律健全和社会稳定的发展中国家和周边国家开拓国际化业务。

5. 加强产学研联合培养平台建设，促进创新人才队伍建设

加强企业、科研院所、高校联合培养平台建设，以问题和需求为导向，制订人才培养方案。鼓励高校联合科研院所和企业，梳理承压设备设计制造理论若干研究方向，针对性培养基础理论研究人才；加强具有多学科综合技术驾驭能力的复合型人才培养，形成推动技术创新和实现成果转化的重要力量；鼓励企业兴办职业教育，培养一批具有“工匠精神”的高技能人才。

参 考 文 献

陈学东. 2018a. 全寿命周期风险识别控制、促压力容器质量提升[R]. 合肥：2019 世界制造业大会质量品牌建设论坛.
陈学东. 2018b. 推动工业强基工程、实现制造业高质量发展[R]. 合肥：2019 世界制造业大会制造强国建设专家论坛.
陈学东，范志超，陈永东，等. 2017. 我国压力容器设计制造与维护的绿色化与智能化[J]. 压力容器，34（11）：11-27.
陈学东，王冰，范志超，等. 2020. 增强企业技术创新能力，促进科技与经济深度融合[J]. 民主与科学，（6）：3-9.
高华斌，盖佳. 2018. 乌斯特 提供从纤维到织物的世界领先解决方案[J]. 中国纺织，（11）：64.
古依莎娜，吴海华，朱晓光，等. 2020. 我国民生装备优化升级路径及对策研究[J]. 中国工程科学，22（2）：1-160.
国家制造强国建设战略咨询委员会，中国工程院战略咨询中心. 2016. 工业强基[M]. 北京：电子工业出版社.
国家制造强国建设战略咨询委员会，中国工程院战略咨询中心. 2020. 中国制造业重点领域技术创新绿皮书：技术路线图[M]. 北京：电子工业出版社.
郝雅楠，祝彬，关晓红，等. 2020. 世界航天产业发展态势研究[J]. 国防科技工业，235（1）：41-44.
李毅，祝宪民. 2019. 从国际纺机展看纺织机械与附件的发展[J]. 纺织器材，46（1）：9-11.
卢秉恒. 2020. 增材制造技术——现状与未来[J]. 中国机械工程，31（1）：19-23.
马磊，赵永霞，宋富佳，等. 2019. 创新纺织新世纪——ITMA 2019 完美落幕[J]. 纺织导报，（7）：37-60.
墨影. 2016. 德国纺机：挖掘纺织节能潜力[J]. 纺织机械，（11）：63.
苏楠. 2020. “科技脱钩”评论与思考[J]. 科技中国，（3）：42-45.
王磊，卢秉恒. 2020. 中国工作母机产业发展研究[J]. 中国工程科学，22（2）：16-24.
吴海华. 2020. 发展新一代智能农业装备 培育产业新动能[J]. 中国农村科技，9（304）：12-15.
吴海华，方宪法. 2020. 新时期我国农业装备产业科技创新发展研究[J]. 农业工程，10（5）：1-7.
佚名. 2019. Laroche 气流成网解决方案将废料制成创新非织造布[J]. 纺织导报，（4）：12.
原民辉，刘韬. 2017. 国外空间对地观测系统最新发展[J]. 国际太空，（1）：22-29.
张慧媛，王国扣，郭雪霞，等. 2015. 中国食品加工装备制造产业发展的研究[J]. 世界农业，（12）：230-231.

赵永霞. 2019. 欧瑞康化学纤维事业板块正在成为数字潮流引领者——Oerlikon Manmade Fibers 首席执行官 Georg Stausberg 先生和首席技术官 Jochen Adler 先生访谈[J]. 纺织导报，(5)：18-19.

智宗合. 2018. 国家重大技术装备三十五年：大型石油化工装置 I [J]. 智慧中国，(11)：69-73.

智宗合. 2019. 国家重大技术装备三十五年：大型石油化工装置 II [J]. 智慧中国，(1)：75-81.

中国纺织机械协会. 2019. 纺纱机械：多元创新支撑产业升级[J]. 纺织机械，(1)：46-49.

"中国工程科技 2035 发展战略研究"海洋领域课题组. 2017. 中国海洋工程科技 2035 发展战略研究[J]. 中国工程科学，(1)：108-117.

中国工程科技发展战略研究院. 2020. 2021 中国战略性新兴产业发展报告[M]. 北京：科学出版社：76-108.

中国工程院战略咨询中心. 2019. 石化通用机械领域急需攻关短板装备咨询研究[R]. 中国工程院重点项目研究报告.

朱博，刘建立，高卫东. 2019. 当前浆纱机最新发展现状及关键技术[J]. 棉纺织技术，47（2）：6-9.

Chen X D，Fan Z C，Chen T，et al. 2019. Thinking on intelligent design，manufacture and maintenance of pressure equipment in China[C]. Proceedings of the ASME Pressure Vessels and Piping Conference，Vol.1.